MERIAN *live!*

W0174490

MYKONOS

Hans W. Korfmann ist Herausgeber des Stadtteilmagazins »Kreuzberger Chronik« und seit vielen Jahren als Reisejournalist für »DIE ZEIT« sowie für Tageszeitungen und Magazine in Griechenland unterwegs.

👨‍👧 Familientipps		◎ Ziele in der Umgebung
🌿 Umweltbewusst Reisen		📖 Faltkarte
📷 FotoTipp		

Preise für ein Doppelzimmer
mit Frühstück:

€€€€ ab 100 €   €€€ ab 75 €
    €€ ab 50 €   € bis 50 €

Preise für ein dreigängiges Menü
ohne Getränke:

€€€€ ab 30 €   €€€ ab 20 €
    €€ ab 15 €   € bis 15 €

INHALT

◄ Beliebtes Fotomotiv: einer der inzwischen drei Pelikane der Insel, in Mykonos-Stadt (► S. 39).

Unterwegs auf Mykonos 36

Áno Merá und der Osten

Die Chóra und der Westen

Touren und Ausflüge 90

Wissenswertes über Mykonos 110

Karten und Pläne

Willkommen auf Mykonos

Bildschöne Kykladendörfer, weiße Sandstrände, zahlreiche Partyspots und die typisch griechische Gelassenheit machen Mykonos zu einer der beliebtesten Ferieninseln der Ägäis.

Die Griechen haben eine neue Vokabel: »sunsettides«. Diese englisch-griechische Komposition meint Urlauber, die aus allen Winkeln der Welt auf die griechischen Inseln kommen, um sich abends ans Meer zu setzen und der untergehenden Sonne nachzuschauen. Ob es auf Mykonos zu dieser Wortschöpfung gekommen ist, weiß man nicht, aber denkbar wäre es durchaus. Denn sogar die Häuser der Inselhauptstadt, die wie Theaterränge den Berg hinaufklettern, blicken der untergehenden Sonne nach. Am Abend scheinen sich dann sämtliche Urlauber bei den malerischen Windmühlen zu versammeln, um den legendären Sonnenuntergang zu fotografieren. Es ist ein Wunder, dass die Insel nicht längst westwärts ins Meer gekippt ist.

Die Postkartenidylle

Man sitzt im alten Hafenviertel vor Sektgläsern, in denen sich das Licht der untergehenden Sonne spiegelt, und bummelt vor der Kulisse der alten Kapitänshäuser entlang, deren Balkone über dem Meer hängen, weshalb griechische Seeleute, die mehr von der Welt gesehen haben als nur die Heimatinsel, das zauberhafte Viertel einst »Mikrá Venetía« – »Klein-Venedig«, nannten. Alles ist hübsch hier. Sämtliche Häuser der Insel strahlen in blendendem Weiß

◄ Stimmungsvoll: die Chóra (► S. 39) im Licht der Abendsonne.

und haben so runde Ecken, als wäre die gerade Linie gesetzlich verboten worden. Oder als hätten die vielen Kalkschichten, mit denen die Inselbewohner ihre Häuser zu Ostern versehen, im Lauf der Jahrzehnte jeglichen rechten Winkel abgeschafft.

Vom Wind geprägt

Es könnte auch der Meltemi, der Nordwind, gewesen sein, der sie allmählich rund geschliffen hat. Ohne den Meltemi gäbe es auch die Windmühlen nicht, ebenso wenig die aus unzähligen Feldsteinen aufgeschichteten Mauern zwischen den Getreidefeldern, deren Geflecht einst ganz Mykonos überzog, um das wenige Korn, das hier unter der sengenden Sonne gedieh, zu schützen. Der Meltemi ist es auch, der alle Wolken davonbläst und für jenen blauen Himmel sorgt, der jedes Urlaubsfoto zur Postkarte werden lässt. Die Stimmung ist gut auf Mykonos, von der anhaltenden griechischen Wirtschaftskrise ist auf der berühmtesten der Kykladeninseln nichts zu spüren. Überall, in den Bars, an den Stränden, in den Hotellobbys und an der Tankstelle, begleitet den Urlauber Musik. Sogar im Supermarkt sitzt zwischen Käse, Schinken, Obst und Champagner ein DJ vor dem Plattenteller und dreht die Scheiben. Auf Mykonos wird gerne und viel gefeiert. Vor allem an den Stränden. Und davon besitzt die Insel reichlich. Obwohl Mykonos mit 86 km² eine der kleinsten Inseln der Kykladen ist, besitzt sie 90 km Sandstrand. So viel hat das Meer nicht einmal auf Naxos angeschwemmt. Und es sind diese

traumhaft hellen Strände vor dem blauen Meer gewesen, die von den Hippies in den 70er-Jahren zum Paradies erklärt wurden und die das arme Eiland zur Urlaubsinsel machten – toleranter und freizügiger als viele andere griechische Inseln. Seitdem lebt Mykonos von den Touristen, und es hat sich perfekt auf sie eingestellt. Es gibt Restaurants und Hotels aller Preisklassen und Geschmacksrichtungen, dazu zahlreiche Boutiquen. Aber nur 5000 Mykonioten überwintern auf der Insel, während in den Sommermonaten 30 000 Menschen hier leben und arbeiten. Für 3 Mio. Urlauber im Jahr.

Das beschauliche Mykonos

Doch wie jede noch so kleine Medaille, hat auch Mykonos zwei Seiten. Nur 10 km vom Trubel der Hafenstadt entfernt liegt das Bergdorf Áno Merá, umgeben von Gärten und Feldern, auf denen Menschen uralten Tagewerken nachgehen. Kleine, kurvige Straßen führen zu entlegenen Stränden oder einer jener rund 800 Kapellen, die auf der ganzen Insel verstreut sind. Und wenn am späten Nachmittag die Kapitäne der Kreuzfahrtschiffe ungeduldig ins Horn blasen, um ihre Passagiere aus dem Labyrinth der Hafengassen zurück an Bord zu lotsen, wenn die Silhouetten der großen Schiffe wieder am Horizont verschwunden sind, dann kehrt sogar in den Gassen des Hafenstädtchens fast so etwas wie Ruhe ein. Dann sitzen im Schatten der alten Mühle wieder zwei alte Männer und sprechen über zerschlissene Netze, Strömungen, Fische, Nachbarn und diesen ewigen Meltemi. Und neuerdings natürlich auch über die »sunsettides.«

6

MERIAN TopTen

MERIAN zeigt Ihnen die Höhepunkte der Insel: Das sollten Sie sich bei Ihrem Besuch auf Mykonos nicht entgehen lassen.

Die MERIAN Top Ten sind Wegweiser zu den Highlights der Insel wie den beiden Altstadtvierteln der Chóra von Mykonos mit den berühmten Windmühlen und der Ruinenkirche Paraportianí. Im zentralen Dorf Áno Merá ist ein Besuch des Klosters Tourlianí unverzichtbar. Bootsausflüge auf die nahe gelegene berühmte Museumsinsel Delos und die Nachbarinsel Tinos mit ihrem ganz eigenen Charakter runden den Mykonos-Besuch ab.

MERIAN TopTen 360°
Damit Sie sich vor Ort schneller orientieren können, finden Sie zu ausgewählten MERIAN TopTen auf den folgenden Seiten Umgebungskarten mit Restaurant-, Einkaufsempfehlungen und Tipps für weitere Sehenswürdigkeiten.

1 Kástro
Der Burgbezirk ist das ältes-te Viertel der Stadt (▸ S. 40).

2 Panagía Paraportianí
Die Kirchenruine besteht aus mehreren ineinander verschach-telten Kapellen (▸ S. 40).

3 »Klein-Venedig«
Das malerische Viertel erin-nerte die heimkehrenden Seefah-rer einst an Venedig (▸ S. 40).

4 Windmühlen
Die fünf Windmühlen auf ei-nem Hügel am Meer sind das Post-kartenmotiv schlechthin (▸ S. 40).

5 Archäologisches Museum
Zahlreiche Exponate be-leuchten die Geschichte von Delos und Mykonos (▸ S. 42).

6 Paradise Beach
Die türkisfarbene Bucht mit ihrem weißen Strand hat in den 1980ern den Ruf von Mykonos als Partyinsel begründet (▸ S. 62).

7 Kloster Panagía Tourlianí
Das stattliche Kloster in Áno Merá ist ein von mächtigen Mau-ern geschütztes Idyll (▸ S. 72).

8 Nachbarinsel Delos
Die Insel ist eine einzige Ausgrabungsstätte (▸ S. 98).

9 Panagía Evangelístria, Insel Tinos
Die berühmteste Wallfahrtskirche Griechenlands beeindruckt nicht nur Gläubige (▸ S. 103).

10 Voláx, Insel Tinos
In einer Landschaft voller gigantischer Steinmurmeln liegt zwischen blühenden Gärten das Dorf der Korbflechter (▸ S. 107).

Toúrlos, Ag. Stéfanos
Archäologisches Museum
OTE
Polikandrióti
Marathi Laka
Ag. Ioánnou

Alter Hafen

Boote nach Delos
Agía Ánna

Folkloremuseum
① ② Ágios Nikólaos
Platía Paraportianí
Platía Agía Moní
④ ③ Rathaus
Panagía Paraportianí ②
Kástro
Hafenpromenade
Agia Kiriakí
Ag. Kiriakís
Kambaní
Platía Mantó Mavrogénous
Bonis Windmühle

Venetía (Klein-Venedig) ③
Georgoúli
Ag. Gerasímou
Difioú
Matogiánni
Zouganéli
Mavrogéni
Agía Annas

Panagía Theotókos Pigadiótissa
Alefkándra
Panagía Rosario
Mitropóleos
Kino
Haus der Léna
Seefahrtsmuseum
Enóplon Dinámeon
Kalógera
Kulturzentrum
Panachroú
Zouganéli

Windmühlen ④
Xenías
Agíon Efthimíou
Ipírou
Basoúra
Plátia Lákka
Laka
Tourlianís
Psárrou
Amphitheater
Rochári
Hotel Rochari
Ag. Ioánnou
Kloúvas

Mykonos Island National Airport
Antemíov

0   180 m
© MERIAN-Kartographie
N

360º Mykonos-Stadt – die Chóra

MERIAN TopTen

1 Kástro
Das Viertel mit seinen engen Gässchen, das um ein Kastell herum auf einem Hügel über dem Alten Hafen entstand, ist das älteste der Stadt (▸ S. 40).

2 Panagía Paraportianí
Die Anhäufung schneeweiß getünchter Mauern von gleich fünf auf- und nebeneinander erbauten Kapellen ist eines der berühmtesten Fotomotive der Insel (▸ S. 40).

3 »Klein-Venedig«
»Mikrá Venetía«, die weltberühmte und millionenfach fotografierte Häuserzeile am Meer, ist vor allem bei Sonnenuntergang ein Publikumsmagnet in der Inselhauptstadt (▸ S. 40).

4 Windmühlen
Die fünf schmucken Windmühlen am Hafen von Mykonos-Stadt sind das Symbol für die von heftigen Winden heimgesuchten Kykladen (▸ S. 40).

SEHENSWERTES

1 Folkloremuseum
In dem alten Kapitänshaus am Meer werden nicht nur volkskundliche Exponate, sondern auch die Geschichten und Legenden von Mykonos aufbewahrt (▶ S. 43).
Platía Paraportianí, Áno Míli

ESSEN UND TRINKEN

2 Kounelas
Nicht weit vom Rathaus lockt diese nette Fischtaverne (▶ S. 52).
Svorónou 1

3 Niko's Taverna
Seit vielen Jahren ein beliebtes traditionelles Restaurant mit einer klassisch griechischen Speisekarte (▶ MERIAN Tipp, S. 15).
Platía Agía Moní

EINKAUFEN

4 Handgewebtes
Nahe bei der Panagía Paraportianí verkauft Ioánna Souganélli in einem alten Kapitänshaus handgewebte Schals und Decken (▶ S. 53).
Platía Paraportianí

360° Áno Merá

MERIAN TopTen

7 **Kloster Panagía Tourlianí**
Das Kloster mit seinem kleinen Museum zwischen den gewaltigen Klostermauern gehört zu den Highlights der Insel (▸ S. 72).
An der Platía

SEHENSWERTES

1 **Venezianische Festung**
Hinter dem Kloster von Paleókastro liegen auf einem Hügel verstreut die steinernen Überreste der alten Ghisi-Festung (▸ S. 75).

ESSEN UND TRINKEN

2 **Hemboúrgo**
Das Hemboúrgo ist das einzige Restaurant am Platz, in dem man eine Pita oder kleine Souvláki-Spieße bekommt (▸ S. 76).
An der Platía

3 **Óti Apómine**
Abends, wenn die Fleischspieße auf dem Grill zischend brutzeln, sind die Plätze der beliebten Taverne rasch besetzt (▸ S. 76).
Zwischen Kloster und Hauptstraße

4 To Stéki tou Proédrou

Die auch von Griechen gern besuchte Taverne des sympathischen Gastwirts Kóstas gibt sich nicht nur in puncto Essen ausgesprochen griechisch (▸ S. 77).
An der Platía

5 Vangélis

Griechische Köstlichkeiten in nahezu verschwenderischer Fülle breiten sich in der Glasvitrine von Vangélis aus (▸ S. 77).
An der Platía

EINKAUFEN

6 Die Käserei von Konstantínos

Nach einem uralten Rezept hergestellter Käse wird hier wie anno dazumal verkauft (▸ S. 78).
Hinter der Platía

AM ABEND

7 Platía

Auf dem Dorfplatz mit seinen Restaurants und Cafés spielt sich bis tief in die Nacht das Leben ab. Griechenland authentisch (▸ S. 78).
An der Platía

360° Insel Tinos

MERIAN TopTen

9 Panagía Evangelístria
Die berühmteste Wallfahrts-kirche Griechenlands. Wer auf die Insel kommt, muss auch dem beeindruckenden Gotteshaus einen Besuch abstatten (▶ S. 103).
Chóra

10 Voláx
Das Korbflechterdorf Voláx zwischen den alten Hinkelsteinen ist eines der schönsten Dörfer der Kykladen (▶ S. 107).

SEHENSWERTES

1 Archäologisches Museum
Wertvolle Ikonen und archäologische Funde aus Tinos sind hier zu bewundern (▶ S. 108).
Chóra, Leof. Megalócharis

2 Marmormuseum
Das Museum zeigt Kunstwerke der Bildhauerei und dokumentiert anschaulich die schwere Arbeit in den nahen Steinbrüchen und Minen (▶ S. 108).
Pýrgos, Pánormos Tínou

3 **Nonnenkloster Kechrovoníou**
In einem gläsernen Schrein ist in der Klosterkirche der Schädel der Entdeckerin der berühmten Ikone von Tinos ausgestellt (▸ S. 106).

ESSEN UND TRINKEN
4 **Dío Choriá**
Ein viel gelobtes und viel besuchtes Kafeníon-Restaurant in Dío Choriá mit herrlichem Blick über die Landschaft und das Nonnenkloster am Berg (▸ S. 109).
Dío Choriá, Od. Tirantárou-Falatádou

5 **Malamaténia**
Das Lokal in einer idyllischen Ecke der Chóra ist inselweit für seine traditionelle Küche bekannt und beliebt (▸ S. 109).
Chóra, Od. Gáfou 15

AM ABEND
6 **Hafenpromenade Tinos-Stadt**
Der Ort, an dem man sich zur abendlichen »volta«, dem Bummel, trifft oder in eines der kleinen Restaurants einkehrt.
Chóra, Od. Tínou-Kallonís

MERIAN Tipps

Mit MERIAN mehr erleben. Nehmen Sie teil am Leben der Insel und entdecken Sie Mykonos, wie es nur Einheimische kennen.

1 Hotel Rochari ► S. 41, c 5

Hier ist alles weiß: die Wände, das Bettzeug, der steinerne Tisch auf der Terrasse, selbst die hölzerne Decke ist weiß. Die Zimmer bestehen aus aufeinandergetürmten Würfeln, und irgendwo zwischen den weißen Quadern schimmert das Blau eines Pools. Als in den 1980er-Jahren mit dem Bau des Hotels »so weit weg vom Meer« begonnen wurde, schüttelten die Nachbarn den Kopf. Heute ist das Rochari mit 60 Zimmern eines der größten der Stadt. Während andere mit Luxus protzen, überzeugt dieses Haus mit Gelassenheit. Die meisten Gäste halten dem Rochari seit Jahren die Treue. Mykonos-Stadt, Od. Agíou Ioánnou • Tel. 22 89 02 31 07 • www.rochari. com • 60 Zimmer • ganzjährig • €€€

2 Niko's Taverna ▶ S. 41, b 3

Über den halben Platz der »Platía Moní« breitet sich das Lokal mit seinen Tischen aus. Im Gastraum hängen historische Fotografien der Insel, darunter sitzen abends die Einheimischen beim Essen, Trinken und Diskutieren. Auf der Tageskarte stehen die griechischen Klassiker wie »moussaká« oder gefüllte Tomaten aus dem Ofen. Frisch gefangene Fische liegen in einer Vitrine auf Eis. Die Taverne existiert schon seit 1976, und etwas von der alten Atmosphäre spürt man noch heute in dem Lokal mit den rot-weiß-karierten Tischdecken.
Mykonos-Stadt, Platía Agía Moní • Tel. 22 89 02 43 20 • www.nikolastaverna.com • €€

3 White Shop Mykonos ▶ S. 41, a 4

Früher saß die Mutter von Anna Gelous mit Verwandten auf den Treppenstufen und häkelte Deckchen nach alten Vorlagen. Inzwischen sind 52 Jahre vergangen, und zwischen der weißen Pracht der Spitzendeckchen, die von der Decke hängen und sich in Regalen stapeln, steht ganz in Schwarz die Tochter. Es sind auch keine Verwandten aus Mykonos mehr, sondern Frauen der Nachbarinseln, die im Winter alte mykoniotische Motive auf Kissen und Decken sticken. Seit 1963 gehören Frauen aus aller Welt zu ihrer Stammkundschaft, doch zu den liebsten Kunden von Anna Gelous gehören die Deutschen. »Die wissen auch, wie man diese Sachen am besten wäscht.«
Mykonos-Stadt, Koúzi Georgoúli 50 • Tel. 22 89 02 68 25

4 The Workshop ▶ S. 41, a 3

Chrístos Xenitídis steht in seinem Laden zwischen glitzerndem Schmuck und spielt den Blues auf seinem Kontrabass. 1981 kam der Goldschmied aus Thessaloníki zum Urlaub und blieb für immer. Inzwischen ist er der Letzte, der noch jene Ohrringe und Broschen

anfertigt, die die vornehmen Damen im 19. Jh. auf Mykonos trugen. Es handelt sich dabei um Perlen, die in feinstes Gold eingefasst zu Rosen und Blättern zusammengesetzt werden. Ebenso filigran sind die Armbändchen mit den winzigen schwarzen Spinelliosteinen.
Mykonos-Stadt, Panáhra 12 • Tel. 22 89 02 64 55

5 Albatros 📖 D 2

Inmitten einer blühenden Oase mit Blick auf die Bucht und mit selbst gebackenem Kuchen zum Frühstück ist dieses Hotel eines der schönsten der Insel. Die Zimmer mit ihren traditionellen Decken aus Bambus und Holz und die kleinen Vorhöfe aus Natursteinen sind eine wohltuende Abwechslung zum allgegenwärtigen Weiß der Insel. Das Hotel, das in den 1980er-Jahren mit drei Zimmern eröffnete, wird bis heute von den beiden Brüdern geführt, die damals eigenhändig die ersten Gästezimmer an den Hang mauerten. Inzwischen gibt es ein paar Zimmer mehr und einen Pool, aber noch immer wird zum Frühstück Milch, Käse und Joghurt serviert, Produkte, die von den eigenen Kühen stammen, die nicht weit von hier die Hänge abgrasen.

Pánormos • Tel. 22 89 02 72 30 • www.albatrosclubmykonos.com • 44 Zimmer • €€

6 Das Nonnenkloster von Paleókastro   E 3

Im Schatten des berühmten Klosters Tourlianí liegt das Kloster von Paleókastro, dessen Grundmauern aus dem 13. Jh. stammen. Es wird nur noch von einer Nonne bewohnt, ein handgeschriebener Zettel bittet deshalb die Besucher, laut zu klopfen. Wenn es ihre Zeit erlaubt, lässt sie Besucher einen Blick in den blumenbestandenen Klosterhof und auf die dezenten Wandmalereien werfen, mit denen sie seit dem Tag ihrer Ankunft vor sieben Jahren das Kloster zu einem Kunstwerk umgestaltet.

etwas nördl. von Áno Merá • Tel. 22 89 07 12 29 • tgl. 9–14, 16–19 Uhr

7 Fisherman   E 4

Das Restaurant von Giórgos und Marína liegt unter einem angeblich 214 Jahre alten Eukalyptusbaum. Und weil die Griechen von dem Alter Respekt haben, hat man das Lokal eben um den Baum herumgebaut. Der breite Stamm steht unter der Veranda, die grünen Äste ragen aus dem Dach. Auch die von der Hausherrin kunstvoll be-

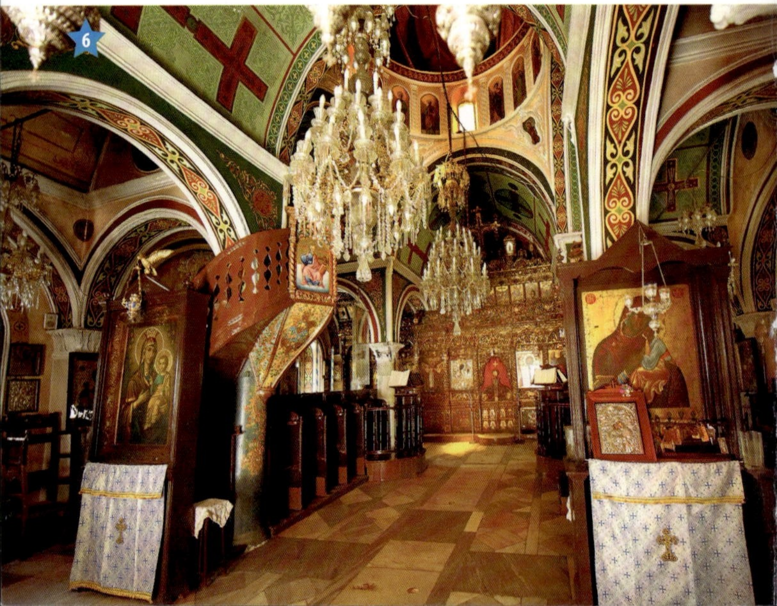

malten Tischplatten zeugen von gutem Geschmack. Ebenso wie das Rindfleisch in Tomatensoße, die orientalisch gewürzten Hackfleischbällchen, die gefüllten Tomaten mit Pfefferminze und das gurkenfrische »tsatsíki«.

Platía in Áno Merá • Tel. 22 89 07 14 05 • www.giorgosmarina.com

⭐ 8 Die Fischtaverne von Márkos   📖 F 4

Sie liegt malerisch vor einer Kulisse weißer Häuser am Fuß eines Berges in Kalafáti. Davor dümpeln im ruhigen Wasser ein paar Fischerboote. Eines von ihnen gehört Márkos, der 1983 hier unten ein Restaurant eröffnete. Was mit ein paar Stühlen und drei Tischen begann, ist eine Fischerkneipe geworden, mit Steuerrad, Dreimaster, Bildern von der wilden See und einer ausgestopften Möwe, die an einer Angelschnur von der Decke baumelt. Im blauen Becken für Hummer und Krebse sind Amphoren eingelassen, durch einen unterirdischen Zugang spült ihnen das Meer ständig frisches Wasser zu. Kaum jemand versteht mehr von Fischen als die Familie von Márkos, und kaum jemand kocht die berühmte »kakaviá«, die griechische Fischsuppe, so gut wie sie.

Kalafáti, Divoúnia • Tel. 22 89 07 14 97 • €€

⭐ 9 Hotel San Marco   📖 B 2

Ein Hotel, das seinen treffsicher guten Geschmack nicht nur bei der Auswahl des Standorts in der beinahe unberührten Naturlandschaft bei Houlákia beweist, sondern auch mit seinem sympathischen Personal. Neben dem großen Pool gibt es einen Spa-Bereich, zwei Bars und zwei Restaurants: das Pythári Restaurant am Pool und das Veranda Restaurant, der perfekte Ort zum Sonnenuntergang. Serviert wird traditionelle griechische Küche.

Houlákia • Tel. 22 89 02 53 74 • www. sanmarco.gr/de • 84 Zimmer • €€€€

⭐ 10 Taverna Drossia Vassilis   ▶ Klappe hinten, d 3

Die Taverne war früher das zentrale Kafeníon des Bergdorfs Ktikádos. Heute serviert der Wirt Gerichte wie Ziegenfleisch in Tomatensoße, Lamm in Zitronensoße und »marathotiganitá«, eine außergewöhnliche Form des Eierpfannkuchens mit »wildem Dill«, der auf den Kykladen wächst. Der Blick vom Lokal über die Getreideterrassen, die sich bis hinunter zum Meer erstrecken, ist ebenso fantastisch wie die Stille dieses Orts, in dem zur Siesta nur noch der kleine Brunnen plätschert und einige Gabeln in der Taverne klimpern.

Tinos, Ktikádos • Tel. 23 83 02 35 70 • €€

Der perfekte Ort für alle »sunsettides«, die allabendlich in »Klein-Venedig« (▶ MERIAN TopTen, S. 40) auf den bisweilen spektakulären Sonnenuntergang warten.

Zu Gast auf **Mykonos**

Mykonos zählt zu den kosmopolitischsten Inseln der Kykladen. Paradiesische Strände, Gourmettempel, Designerboutiquen und ein quirliges Nachtleben locken internationale Jetsetter an.

Übernachten

Egal, ob Luxushotel oder Privatunterkunft, auf der Insel überwiegt die schlichte weiß-blaue Kykladen-Architektur, die auch einfachen Häusern ein edles Aussehen verleiht.

◄ Im inseltypischen Stil erbaut: die Nama Villas (► S. 68).

Das Angebot an Unterkünften auf Mykonos ist groß, immerhin empfängt die kleine Insel in jedem Sommer etwa 3 Mio. Urlauber. Gewaltige Bettenburgen, wie man sie von vielen anderen Urlaubsküsten kennt, gibt es auf Mykonos zum Glück nicht. Auch bei Neubauten hält man sich an die kubistische **Architektur der Kykladen**. Die Fremdenzimmer befinden sich in der Regel in kleinen Häusern, die geschmackvoll in traditioneller Bauweise errichtet wurden.

Professionelle Hotelanlagen

Kleine Familienbetriebe, wie sie oft auf anderen griechischen Inseln zu finden sind, gibt es auf Mykonos inzwischen allerdings kaum noch. Die Insel hat sich ganz und gar auf den Tourismus eingestellt, die Hotels werden professionell geführt, sind mit allen Bequemlichkeiten ausgestattet, entsprechen **internationalen Standards** und werden mittlerweile auch nach dem gängigen Sterne-System klassifiziert.

Die größte Dichte und Auswahl an Unterkünften findet man in der Inselhauptstadt, in der Chóra. Das Spektrum reicht dabei von kleinen Hotels und Zimmern über Hotelanlagen mit eigener Tiefgarage und Szenehotels für Schwule und Lesben bis hin zu Luxusquartieren inmitten blühender Gärten mit eigenen Tennisplätzen, Billardzimmern, Pools und Spa-Bereichen.

Neben den Quartieren in der Hauptstadt gibt es Hotels an den großen Stränden im Süden der Insel, wie z. B. in Platís Gialós oder am Paradise Beach. Auch hier ist für besten Komfort gesorgt. Einen etwas gemütlichen, fast schon dörflichen Charakter haben einige Häuser im entlegenen Norden der Insel. Wer einen ruhigen Badeurlaub verbringen möchte, der ist in Pánormos und Ágios Sóstis gut aufgehoben.

Einen richtigen **Campingplatz** gibt es nur am Paránga Beach.

Rechtzeitig buchen

Außerhalb der Hauptsaison sind **Zimmerpreise** unter 50 € (ohne Frühstück) keine Seltenheit, im Sommer allerdings Mangelware. Nach oben sind den Tarifen auf Mykonos auch im Hotelgewerbe keine Grenzen gesetzt. Je nach Lage und Komfort kann man zwischen 120 und 300 € pro Nacht berappen, günstiger wird es, wenn man eine Pauschalreise bucht. Individualreisende finden am Hafen eine **zentrale Zimmer- und Hotelvermittlung** (► S. 117), die einen guten Überblick und Hunderte von Adressen und Telefonnummern bereithält.

So wie überall in Griechenland gilt auch für Mykonos: Wer im Sommer hier Urlaub machen möchte, der sollte rechtzeitig buchen. Denn während der griechischen Schulferien im Juli und August gehört auch Mykonos nicht mehr den ausländischen Touristen, sondern fast schon wieder den Griechen, die bevorzugt auf den Inseln Urlaub machen. Wer würde es ihnen verdenken?

Empfehlenswerte Hotels und andere Unterkünfte finden Sie bei den Orten im Kapitel ► **Unterwegs auf Mykonos.**

Preise für ein Doppelzimmer mit Frühstück:

€€€€	ab 100 €	€€€	ab 75 €
€€	ab 50 €	€	bis 50 €

Essen und Trinken

»Veredelte« griechische Gerichte, die zahlreiche Einflüsse
aus der internationalen Esskultur erkennen lassen, prägen
die Inselküche und überraschen selbst Gourmets.

◄ »Choriátiki« (► S. 23), der Bauernsalat, gehört zu jedem Essen dazu.

Mykonos ist zu klein, um eine eigene
Küche hervorzubringen. Das einzige
landwirtschaftliche Produkt, mit dem
sich die Insel international einen ku-
linarischen Namen machen konnte,
war der trockene Schiffszwieback,
mit dem einst sogar die Engländer
und die Franzosen ihre Kombüsen
füllten. Der Gerstenzwieback, den die
Griechen als »mezé« in den Kafenía
mit ein paar getrockneten Oliven
zum Ouzo reichten, stand in dem Ruf,
besonders haltbar zu sein.

Den gleichen Ruf genoss auch der
typische Käse der Insel. Der »Kopanistí« ist im Grunde derart versalzen,
dass kein Schimmelpilz es wagen
würde, sich auf ihm niederzulassen,
und so trocken, dass er sich auch in
tropischen Gewässern und ohne
Kühlschrank ewig hält. Er zählt zu
den beliebtesten Mitbringseln griechischer Mykonos-Urlauber.

Die griechischen »Klassiker«

Lokale Spezialitäten gibt es auf Mykonos nur wenige, weshalb die griechischen Restaurants vor allem die
deftigen und bodenständigen **traditionellen Speisen** servieren: darunter »moussaká« – ein Kartoffelauflauf
mit Auberginen – oder »pastítio« –
ein Nudelauflauf mit Hackfleisch-
und Bechamelsoße –, die auf den
Speisekarten oft an erster Stelle stehen. Natürlich fehlt der berühmte
Fleischspieß namens »souvláki« nie,
auch »jemistá« die gefüllten Tomaten
und Paprikaschoten – mit einer Mischung aus Hackfleisch und Reis gefüllt, manchmal mit Zimt, manchmal
mit Dill verfeinert und entweder im
Ofen oder im Topf gegart – sind oft

auf der Karte vertreten. Manche Restaurants verzichten auf die traditionellen Fleischfüllungen und verle-
gen sich auf Gemüsemischungen.
Weinblätter, »dolmádes«, z. B. werden gern über einer Füllung aus Reis,
Tomate und Minze zusammenge-
rollt, dazu gibt es »tsatsíki« oder
Sahnejoghurt. Was nie fehlen darf,
ist der Bauernsalat, der »choriátiki«.
Aus dem griechischen Ofen kommen deftige Bratengerichte vom
Lamm oder vom Rind, wobei die
Tiere manchmal sogar noch von der
Insel stammen. Besonders im Frühjahr reicht man zu gebratenen oder
gegrillten Sardellen gerne Wildkräuter oder Spinat. Fenchel, der auf den
Kykladen vielerorts wild wächst,
wird mit einer Soße aus Olivenöl und
Zitronensaft angerichtet und ist nicht
nur für Vegetarier ein Highlight auf
der griechischen Speisekarte.

Zwar ähneln die mykoniotischen
Gerichte denen aus anderen Regio-
nen Griechenlands, doch geht es auf
Mykonos stets etwas feiner zu – und
das wirkt sich natürlich auch auf die
Preise aus.

Eine Rarität: die Taverne

Die auf anderen Inseln so beliebten
griechischen Tavernen mit ihren
wackligen Stühlen, dem billigem
Hauswein und einer begehbaren Küche, in der man in jeden Kochtopf
schauen und wählen kann, sind zumindest in der Chóra von Mykonos
selten geworden. In Áno Merá und an
einigen Stränden im Norden der Insel
aber ist es noch immer üblich, die
Kundschaft in die Küche zu führen
und per Fingerzeig wählen zu lassen.
In der Chóra lassen sich die traditionellen griechischen Restaurants an
den karierten Tischdecken und den

Kellnern in weißen Hemden und schwarzen Hosen erkennen. Sie liegen meist auf kleinen Plätzen in den Gassen der Altstadt und an der Hafenzeile vor der langen Promenade.

Internationale Gastronomie

Die meisten Restaurants auf Mykonos aber haben sich ihren Gästen aus aller Welt angepasst und präsentieren eine weltoffene, **internationale Küche**, wenn auch mit einer besonderen Sympathie für das Mediterrane. Schon zu den Zeiten der Seefahrer orientierte man sich auf Mykonos an Italien, und vielleicht ist der Name des Viertels »Mikrá Venetía« – »Klein Venedig« – nicht nur den Kapitänshäusern über dem Meer, sondern auch der Vorliebe für italienische Speisen geschuldet. **Italienische Lokale** gibt es beinahe so viele wie griechische, und sie präsentieren den ganzen Stolz der italienischen Küche mit Pasta und Antipasti, mit »vitello tonnato«, »olive ascolane« und »sciurilli« – den frittierten Zucchiniblüten. Es gibt Spaghetti Bolognese und Risotto alla Milanese, Stockfisch und Sardellen, Ossobuco und Saltimbocca à la Romana. Auf den weißen Tischdecken stehen Karaffen mit Wasser und Wein, große, mit Kreide beschriebene Tafeln verkünden die besonderen Gerichte des Tages.

Wer durch das alte Kástro mit seinen winzigen Gassen spaziert, stößt irgendwann auf Katrin's Restaurant, das auch in einer Hafenstadt Frankreichs liegen könnte. Hinter den kleinen Fenstern sieht man in der Gaststube gemütliche Runden an hölzernen Tischen sitzen. Das Lokal ist durch und durch **französisch**, von den Speisen über die Preise und die Gäste bis hin zur Einrichtung.

Doch nicht nur Frankreich und Italien haben sich in der mykoniotischen Küche bemerkbar gemacht, auf Mykonos kann man sich einmal um den Globus essen. Es gibt spanische Tapas, mexikanische Tortillas und argentinische Steaks, es gibt indische und asiatische Restaurants. Eines der berühmtesten und auch teuersten Lokale der Insel, das Námmos, hat einen starken arabischen Akzent. Hier verkehrt die High Society, nicht zuletzt, weil es mit der eigenen Jacht leichter zu erreichen ist als über die halsbrecherische Bergstraße, die nach Psaroú führt.

Die Chóra hingegen ist ein bunter Jahrmarkt, abends werden Crêpes gebacken, Waffeln gezuckert und Eisbecher gefüllt, es gibt Pizza, Gyros, Hamburger und Hot Dogs.

Den Abend verbringen aber nicht nur die Griechen, sondern auch die Urlauber am liebsten in einem Lokal am Meer. Ein Essen, ein Wein, ein Cocktail im Kapitänsviertel »Mikrá Venetía« gehört schon bald zum täglichen Programm, und es gibt kaum noch einen Quadratmeter am Meer, auf dem nicht Stühle und Tische stehen. Im Hochsommer sollte man einen Tisch reservieren!

Frühstückskultur

Eine ausgeprägte Frühstückskultur gibt es in Griechenland nicht. Die Griechen versorgen sich meist auf dem Weg zur Arbeit mit einem Gebäckstück. Wer in einem der großen Hotels unterkommt, wird sich jedoch allmorgendlich an einem großen Buffet stärken können. Alle anderen müssen mit einem Kaffe, etwas Toast und einem Päckchen Marmelade oder Honig vorlieb nehmen – oder sich ihr Frühstück selbst zubereiten.

Logenplätze am Meer gibt es reichlich in Mykonos-Stadt (▶ S. 39), wo sich ein Restaurant ans nächste reiht und man zu Meeresrauschen vorzüglich diniert.

Cocktails statt Ouzo

Den Retsína, den geharzten Weißwein, den die Griechen einst so gerne und so reichlich tranken, haben die Franzosen und die Italiener mit ihren roten Weinen allmählich aus den Kühlschränken vertrieben. Auch einen einfachen griechischen Hauswein gibt es in den meisten Lokalen der Insel nicht mehr. Und der Ouzo ist schon lange nicht mehr Usus. Dafür aber ist die Liste an Cocktails lang genug, um auch in den langen Sommernächten nicht ein einziges Mal den gleichen Drink wählen zu müssen. Biertrinker haben die Wahl zwischen zahlreichen in Griechenland in Lizenz gebrauten Marken wie Heineken, Löwenbräu oder Amstel, sollten jedoch unbedingt die griechischen Biere probieren, allen voran Mythos oder Fix.

Empfehlenswerte Restaurants finden Sie bei den Orten im Kapitel ▶ **Unterwegs auf Mykonos.**

Preise für ein dreigängiges Menü:

€€€€	ab 30 €	€€€	ab 20 €
€€	ab 15 €	€	bis 15 €

Einkaufen

Mykonos gilt als Einkaufsparadies. Dank finanzkräftiger Kundschaft hat so manches Geschäft in der Chóra sein Angebot auf hochwertige Luxusartikel und Designerware ausgerichtet.

◄ Viele schicke Geschäfte laden in der Chóra (► S. 39) zu Shoppingtouren ein.

Einst waren es die mykoniotischen Seefahrer, die von ihren Reisen Andenken aus aller Welt nach Mykonos mitbrachten. Heute werden Souvenirs von der Insel in alle Welt getragen. Der Einkaufsbummel am letzten Urlaubstag ist seit jenen Tagen, als man die verbliebenen Münzen und Scheine ausländischer Währungen schnell noch auszugeben versuchte, Tradition, und auf Mykonos ist die Auswahl hierfür riesengroß.

Gold und Silber

Während Griechenlandreisende auf den großen Inseln und dem Festland gerne eine Flasche Wein oder Schnaps, Olivenöl oder einen Käse in ihre Koffer packen, sind es auf der von der Landwirtschaft verlassenen Insel Mykonos vor allem **Textilien** und **Schmuck**.

Die handgewebten Stoffe von Mykonos, die der Modeschöpfer Christian Dior in den 1960er-Jahren sogar bis nach Paris mitnahm, um der Modewelt eine komplette Kollektion mit den traditionellen Webarbeiten von den Kykladen zu präsentieren, erfreuten sich einige Jahre lang großer Beliebtheit. Heute gibt es nur noch einige wenige Manufakturen, in denen echte Handarbeiten hergestellt werden – vieles ist inzwischen Importware aus China. Die Auswahl aber ist nach wie vor beeindruckend, und im White Shop (► MERIAN Tipp, S. 15) und bei Ioánna Souganélli gegenüber dem Folkloremuseum gibt es auch noch die echte mykoniotische Handarbeit.

Echt ist auch das Gold, und hochkarätig sind die Steine in den vielen Ju-weliergeschäften der Insel, die für die feinen Damen der Jachten und Kreuzfahrtschiffe bis spät in die Nacht hinein geöffnet haben. Im Kástro-Viertel, nicht weit vom Alten Hafen, reiht sich in der Matogiáni-Gasse ein Schmuckladen an den anderen, deren hochkarätige Auslagen im Scheinwerferlicht funkeln und glitzern wie Las Vegas.

Relikte aus den Sechzigern

Neben professionellen **Goldschmieden** von teils internationalem Ruf arbeiten seit den 1960er-Jahren unzählige kunstfertige **Silberschmiede** auf der Insel, die einst indische Schlangen, Armreifen und Silberringe an die Blumenkinder verkauften. Ebenfalls seit dieser Zeit beliebt sind die **Sandalen** von Mykonos, die – wie die Stoffe und Webarbeiten – bis heute angeblich in alle Welt verschickt werden.

Neben den allgegenwärtigen Souvenirgeschäften mit ihrem bunten Angebot an hölzernen Segelschiffen, Keramikwindmühlen, schrillen Badehosen, Sonnenbrillen und Mykonos-T-Shirts gibt es für die feineren Reisegesellschaften selbstverständlich auch **edle Boutiquen**, in denen alle großen Modenamen dieser Welt versammelt sind und in denen es auch an schrillen Textilien nicht fehlen darf.

Die Gassen der Chóra von Mykonos sind so etwas wie ein charmantes Open-Air-Kaufhaus und für Shopping-Fans allein schon Grund genug, die Insel im Zentrum der Kykladen anzusteuern.

Empfehlenswerte Geschäfte und Märkte finden Sie bei den Orten im Kapitel ► Unterwegs auf Mykonos.

Sport und Strände

Mit klarem Wasser und goldgelbem Sand können sich die
Kykladen der schönsten Strände der Ägäis rühmen. Der oft
starke Wind fordert auch anspruchsvolle Windsurfer heraus.

◄ Badeboote bringen Besucher zum schönen Strand von Eliá (► S. 81).

Natürlich gibt es auf einer Ferieninsel wie Mykonos Hotels mit eigenem Tennisplatz und Fitnesscenter, und es fehlt auf der Insel trotz winziger Straßen und vieler Schlaglöcher auch nicht an einem professionellen Fahrradverleih. Doch da der Sport in den Bergen bei sommerlichen Temperaturen um die 30 °C schnell zur Qual werden kann, sind sportliche Aktivitäten in Wassernähe wesentlich empfehlenswerter. In den vielen Buchten mit ihren flachen Stränden gibt es Tauchschulen sowie Surf- und Kanuverleihstationen. Auch Wasserskiläufer, Jetskifahrer und Kiter brauchen auf Mykonos nicht auf ihre Hobbys zu verzichten. Sogar eine Kartbahn gibt es auf der Insel.

KAJAKTOUREN

Eigentlich sind die Kajakfahrer in Ágios Sóstis zu Hause, allerdings lassen sie ihre Boote nicht mehr hier zu Wasser, sondern im fernen Ornós oder im nahe gelegenen Pánormos. Ziel der Touren ist u. a. die gegenüberliegende »Marmorinsel«, wo ein Marmorstollen besichtigt wird. Wenn die Wassersportler in Ornós starten, steuern sie in der Regel die Bucht von Paránga bzw. die dortige Taverne von Käpt'n Nikólas an. Auch »Klein-Venedig« kann aus der See-Perspektive betrachtet werden. Bei den Kajaktouren, die von professionellen Kajakfahrern begleitet werden, werden innerhalb von acht Stunden Strecken von etwa 7 km zurückgelegt. Buchung nur online unter www.mykonoskayak.com • Tel. 00 30 69 44 14 33 33 • Touren von 9.30–15.30 Uhr • 65 € pro Person

RADFAHREN

Es gibt einige schöne Strecken, die durch reizvolle Landschaften hinab ans Meer führen. Vor allem nördlich von Áno Merá winden sich kleine Straßen zwischen Feldern zum Meer hinunter. Beliebt bei den Bikern sind die kleinen Straßen nach Pánormos, Fokós oder Liá.
Die passenden Räder gibt es auf der Straße beim Bikecenter zwischen der Chóra und Áno Merá.
Taxiárchis • Tel. 22 89 07 71 55 • www.bikecentermykonos.gr • tgl. außer So 10–14 und 17–21 Uhr • Leihgebühr 12 €/Tag

REITEN

Wer auch im Urlaub nicht auf Stallgeruch verzichten mag, der kann auch auf Mykonos seinem Hobby nachgehen. Herrliche Ausritte über die Insel werden angeboten, inkl. eines Galopps am Strand. Doch sollte man aus Tierschutzgründen nicht mittags in der Gluthitze in den Sattel steigen!
► Familientipps, S. 35

SEGELN

Was wäre eine Kapitänsinsel ohne Segler? Also liegen auch im Hafenbecken von Mykonos schmucke Segelschiffe und bieten Törns zu den Nachbarinseln an. Von Ornós aus kann man für 70 € die Museumsinsel Delos ansteuern, und wer ein ganz großes Boot braucht, der kann für 1500 € am Tag die prächtige »Quarantine of Delos«, einen alten Zweimaster, chartern. Wer hingegen selbst segeln möchte, für den ankern kleinere Charterboote vor Mykonos und warten auf Freizeitkapitäne.
www.mykonosboatrent.com • www.marenauta.de/citta/Segeln-Mykonos.jsp

SURFEN

So wie man zum Skilaufen nach Sankt Moritz und zum Tauchen ans Rote Meer fährt, so reisen Windsurfer auf die Kykladen. Egal ob auf Naxos, Paros oder Mykonos: Überall zieren die bunten Segel der Surfer den Horizont über dem Meer. Das Reiten auf den vom Meltemi gepeitschten Wellen ist die beliebteste Sportart der Insel, die gesamte Südküste entlang findet man die Kunststoffbretter zum Ausleihen, und in den berühmten Badebuchten am Paradise Beach, in Paránga, Ornós und Platís Gialós treffen sich Surfer aus aller Welt. Das größte Surfcenter der Insel befindet sich im Osten in Kalafáti, wo der Österreicher Pezi Huber Kurse ebenso für gestandene Surfer wie für Anfänger und Kinder anbietet (▸ S. 86). Weitaus weniger Betrieb herrscht in der oft menschenleeren Bucht von Fteliá an der Nordküste von Mykonos, wo der Meltemi mit ungehinderter Kraft hineinweht.

TAUCHEN

Das Wasser der Kykladen ist trotz manchmal heftiger Winde kristallklar, sodass die Sichtverhältnisse für Taucher ideal sind. Zwar gibt es in Griechenland keine Korallenriffe, aber noch sind einige Fische vor der Küste unterwegs, und der Meltemi hat auch das eine oder andere Schiff auf den Grund sinken lassen, z.B. vor dem Strand von Liá im Norden, wo die kleine Tauchschule GoDive ihre Basis hat. Das Wracktauchen erfreut sich großer Beliebtheit.
Größer ist das Angebot am Paradise Beach beim Mykonos Diving Center, das Bootstouren, Schnorchelexpeditionen und verschiedenste Tauchkurse – auch für Kinder – anbietet.

GoDive • Tel. 00 30 69 46 95 77 32 • www.godivemykonos.com
Mykonos Diving Center • Paradise Beach • Tel. 22 89 02 48 08 • www.divemykonos.gr

WANDERN

Das karge Mykonos bietet Wanderern nur selten erholsamen Schatten, dennoch lohnen sich Wanderungen, insbesondere im Frühjahr und im Herbst. Extra ausgeschilderte Wanderwege gibt es nicht, verlaufen kann man sich auf der kleinen Insel ohnehin kaum. Von einigen windigen Anhöhen genießt man einen wunderbaren Blick auf die Inselwelt. Einer der schönsten Aussichtspunkte befindet sich beim alten Leuchtturm am Kap Armenistís. Auch von Áno Merá aus lassen sich schöne Wanderungen in die nähere Umgebung unternehmen.

STRÄNDE

Die Strände sind der Trumpf von Mykonos. Ob man im Meer oder in der Sonne baden möchte: Urlauber finden Strände für jeden Geschmack. Es gibt kleine, nur über holprige Straßen erreichbare türkisblaue Buchten, in denen an Wochenenden strahlend weiße Jachten ankern; es gibt die großen, unter Naturschutz stehenden Sandstrände im Norden, an denen jegliche Bebauung und Bewirtschaftung untersagt ist, und es gibt die großen Badestrände mit den Tauchschulen, den Jetskis und Surfbrettern wie in Kalafáti oder Platís Gialós. Und die berühmten, mitunter zum Sündenfall neigenden Strände Paradise und Paránga an der Südküste mit ihren Strandbars, den Sonnenschirmreihen und dem Cocktailservice bis ans Wasser.

Windsurfer aus aller Welt tummeln sich an Mykonos' Stränden, wie hier bei Kalafáti
(▶ S. 85), wo der Meltemi, der berühmte Nordwind, im Sommer so verlässlich weht.

Agíos Sóstis   📕 D 2

Ganz im Norden gelegene, unverbaute Bucht mit feinem Sandstrand vor einer türkis leuchtenden Bucht.

Fokós   📕 F 2

Komplett entlegener und unverbauter Strand im Norden mit bräunlichem Sand und nur einer Taverne.

Fteliá   📕 D 3

Bei Nordwind gern von Surfern aufgesucht, ist der Strand bei Südwind einer der ruhigsten Strände der Insel.

Kalafáti   📕 F 4

Langer Strand mit einer Surfschule, einem großen Hotel in der Mitte der Bucht und vielen Restaurants.

Paradise Beach   📕 D 6

Der berühmteste Strand der Insel mit den größten Lautsprechern und den schönsten Männern und Frauen.

Platís Gialós   📕 C 5

Ein großer Badestrand nach italienischer Art in der Nähe der Hauptstadt mit allem, was dazu gehört.

Familientipps

Für Familien mit Kindern verheißt die Insel klassischen Strandurlaub mit Baden und Buddeln im Sand. Reiten und Go-Kart-Fahren bieten weiteres Urlaubsvergnügen.

◀ An den sanft abfallenden Stränden von Mykonos haben Kinder ihren Spaß.

Das größte Freizeitangebot bietet die Urlaubsinsel Mykonos ohne Zweifel den jungen Urlaubern zwischen 16 und 36 Jahren. Aber auch unter den noch etwas Jüngeren, die noch keine Partygänger sind, wird auf Mykonos keine Langeweile aufkommen. Die Insel ist trotz ihrer bescheidenen Größe noch vielseitig genug, um auch bei Kindern schnell zur Trauminsel zu werden. Und da Kinder generell in Griechenland gern gesehene Gäste sind, die selten als störend empfunden werden, können Eltern sich auf einen entspannten Urlaub freuen. Vorsicht ist jedoch in der prallen Mittagshitze geboten: Dann sollten sich Kinder möglichst im Schatten aufhalten oder, genau wie die Griechen, eine Siesta einlegen. Ausreichend Sonnencreme und eine Kopfbedeckung nicht vergessen!
Windeln und Babynahrung sind sowohl in Supermärkten als auch in Apotheken erhältlich. In der Regel sind diese Produkte jedoch wesentlich teurer als bei uns. In Museen genießen Kinder meist einen ermäßigten, manchmal sogar freien Eintritt.

Ausflüge nach Delos und Tinos

▶ Klappe hinten, d 4, c/d 3

Mehrmals täglich nehmen Schiffe von Mykonos Kurs auf die Nachbarinseln Delos ⭐ und Tinos (▶ S. 98 und 103). Sowohl Delos mit seiner vor 2000 Jahren verlassenen Stadt als auch Tinos mit seinen Stränden, pittoresken Dörfern und hübschen Landschaften sind ein lohnendes Ziel für einen Familienausflug und bieten bei längerem Aufenthalt eine schöne Abwechslung zum Strandurlaub.

Während die kleinen Ausflugsboote nach Delos am Alten Hafen von Mykonos-Stadt ablegen, laufen die großen Fähren nach Tinos vom Neuen Hafen aus. Das aufgeregte Prozedere des An- und Ablegens, Be- und Entladens an den Hafenmolen und der Duft des Dieselöls lassen den Ausflug zu einer echten Schiffsreise werden – auch wenn Sie schon am Abend wieder in den heimischen Hafen von Mykonos heimkehren.

Touren nach Delos tgl. um 9, 10, 11, 17 Uhr • Tel 22 89 02 30 51 • Überfahrt 30 Min., 18 € • Fähren nach Tinos um 7.30, 12.30 Uhr • Überfahrt 45 Min., 7,50 € • Tickets gibt es am Neuen Hafen vor der Anlegestelle und in den Reisebüros am Alten Hafen.

Baden

Der feine, weiße Sand ist nicht nur zum Faulenzen bestens geeignet, sondern auch zum Bau von Sandburgen. An fast allen Stränden können selbst die Kleinsten noch weit ins Wasser hineinlaufen, so seicht ist das Meer in den Buchten. Scharfkantige Riffe, Quallen und Seeigel gibt es nicht.

Kajaktouren   B 5, D 2

Ab Ornós und Pánormos werden Kajaktouren angeboten, bei gutem Wetter bis zur nahe gelegenen »Marmorinsel«. Auf den kleinen Seereisen werden Sie von professionellen Kajakpiloten begleitet, für Familien mit Kindern unter 14 Jahren gibt es spezielle Familientouren. Eine Mindestzahl von Teilnehmern gibt es nicht.

▶ Sport und Strände, S. 29

Kartfahren   D 3

Eigentlich sind die bis zu 80 km schnellen Go-Karts eher ein Spielzeug für Erwachsene als für Kinder.

Die autofreien, schmalen Gassen in der Chóra (▸ S. 39) von Mykonos sind auch für Kinder ein Erlebnis und laden zum Beispiel zum Versteckspiel ein.

Aber auf der Kartbahn von Mykonos stehen auch für kleinere und ganz kleine Motorsportfans einige knatternde Rennautos bereit. Wer sich dennoch nicht alleine traut, kann gemeinsam mit einem Elternteil einen Doppelsitzer besteigen und sich von ihm um die 700 m lange Bahn kutschieren lassen. Für die mutigeren unter den jungen Vettel-Fans gibt es Kinderkarts mit gedrosselten Motoren und passenden Helmen, in denen sich die Nachwuchsfahrer wie in einem echten Rennen fühlen können. Aber der Geruch von Benzin, der Lärm der Motoren, die flimmernde Luft über dem Asphalt, die schwarz-weiß-karierte Linie sowie die wehenden Fahnen am Streckenrand und die vielen Reifenstapel in den Kurven sind nicht nur für die jungen Motorsportfreunde, sondern auch für die größeren Fahrer der 270-ccm-Klasse ein unvergessliches Ferienerlebnis. Zehn Minuten echtes Rennfeeling gibt es ab 10 €.
Raceland • hinter dem »Las Vegas«, an der Straße von der Chóra nach Áno Merá • Tel. 00 30 69 42 63 32 24 • tgl. von 10–3 Uhr

Museumsbesuch   ▸ S. 41, a 3

Griechische Museen sind in der Regel kein Programmpunkt, mit dem man Kinder vom sonnigen Strand weglocken könnte. Doch das Folkloremuseum im historischen Kástro-Viertel von Mykonos ist eine segensreiche Alternative für jene Tage, an denen z. B. ein Sonnenbrand jedes weitere Baden verbietet. Der kühle Keller des Museums ist voller Legenden und Abenteuer. Ob es nun die alten Koffer und Ledertaschen des einstigen Piraten Mermeléchas sind, in denen er Gold und Edelsteine verstaute, oder die schwere Grabsteinplatte des Piraten auf dem Brunnen, in den einst ein Kind gefallen und beinahe ertrunken sein soll. Alles in dem alten Haus am Meer verleiht der ohnehin schon lebhaften Fantasie der Kinder zusätzliche Flügel.

Am interessantesten vielleicht ist das Kriegsschiff mit den schweren Kanonen und den rostigen Schwertern und Messern, an denen vielleicht sogar noch ein Tropfen getrockneten Blutes zu erkennen ist. Das Deck des Schiffes ist begehbar, und nirgends steht das sonst in Museen zur Abschreckung der Kinder aufgestellte Schild: »Berühren verboten«.

Platía Paraportianí • Tel. 22 89 02 25 91 • Mo–Sa 17.30–20.30 Uhr • Eintritt 2 €

Reiten   ▮▮ E 4

Obwohl die steile und steinige Insel eher für Maultiere und Esel als für galoppierende Vollblüter geeignet ist, sieht man auf Mykonos seit einigen Jahren vermehrt auch edlere Reittiere, und in den Bergen von Áno Merá gibt es sogar einen kleinen Reitstall, der die Herzen vor allem junger Mädchen mitunter höher-

schlagen lässt. In kleinen Gruppen reiten oder trotten sie die Straße am See von Maráthi entlang bis zur Badebucht bei Fokós mit der einsamen Taverne und dem menschenleeren Strand, auf dem auch die Kleinsten die Tiere einmal nach Lust und Laune laufen lassen können. Die Ausritte kosten 50 € und dauern etwa einen halben Tag.

Horseland Áno Merá • Tel. 00 30 69 57 40 78 75 • www.mykonoshorse. com

Schnorcheln

Das klare Wasser der Kykladen ist ideal zum Schnorcheln, und damit auch ideal für Mütter und Töchter oder Väter und Söhne, um an der Wasseroberfläche treibend gemeinsam die Unterwasserwelt zu erforschen. Besonders an felsigen Abschnitten entdeckt man häufig Fische und bisweilen auch einen Oktopus. Taucherbrillen und Schnorchel für Hobbyschnorchler gibt es für wenige Euro in jedem Supermarkt und jedem Souvenirgeschäft.

Wassersport

In den Badebuchten von Mykonos haben Tauch- und Surfschulen ihren Sitz, man kann sich auf Reifen durchs Wasser ziehen lassen, hinter dem Papa mit dem Jetski das Meer durchpflügen oder auf Wasserskiern über die Wellen reiten. Was immer die Tourismusindustrie erfunden hat, das findet man auch auf Mykonos. Die meisten Wassersportangebote für Kinder und Jugendliche finden sich an den Stränden von Platís Gialós und Kalafáti, ruhige Buchten für Eltern mit kleineren Kindern eher im Norden an Stränden wie Liá oder Ágios Sóstis.

Wenn am frühen Abend der Alte Hafen von Mykonos (▶ S. 39) in
das warme, ja magische Licht der untergehenden Sonne getaucht
wird, erwacht in den angrenzenden Gassen wieder das Leben.

Unterwegs auf **Mykonos**

Die Schönheit der Inselhauptstadt und der Traumstrände an der Südküste sind augenfällig. Doch auch weniger bekannte Winkel der Insel haben ihren Zauber.

Die Chóra und der Westen

Die Chóra ist attraktiv und exzentrisch zugleich, für viele Gäste ist es Liebe auf den ersten Blick. Von der Inselhauptstadt aus lassen sich die Strände im Südwesten leicht erreichen.

◄ Wahrzeichen der Hauptstadt und beliebtes Fotomotiv sind die Windmühlen (▶ MERIAN TopTen, S. 40).

Áno Merá und der Osten

Die Chóra und der Westen

Mykonos, das ist die Insel reicher Athener, die hier schmucke Villen besitzen, und junger Menschen aus aller Welt auf der Suche nach Beach Bars und Partys. Mykonos wird diesem Ruf gerecht, die Kykladeninsel ist das Mallorca der Ägäis. Aber natürlich hat auch diese Insel ihre ländliche Seite und einige stille Strände, an denen man nichts erleben muss, sondern einfach nur die Seele baumeln lassen kann.

Die Chóra, die weiße Stadt am Meer, ist dabei das unumstrittene Zentrum der Insel. Hier laufen alle Fäden zusammen, enden und starten alle Buslinien und alle Straßen. Sie führen zu den großen und belebten Stränden im Südwesten, zu den nahe gelegenen Badebuchten bei Platís Gialós oder Ornós und zu den ruhigen und entlegenen Sandstreifen im Norden an der Bucht von Pánormos. Der Westen ist der belebtere Teil von Mykonos, auch im Landesinneren stößt man immer wieder auf kleine Anhäufungen von Ferien- und Wochenendhäusern, die vielleicht eines Tages zu Ortschaften herangewachsen sein werden. Nur ganz im Nordwesten, am abgelegenen Kap Armenistís mit seinem alten Leuchtturm, ist das Land noch leer und einsam.

Mykonos-Stadt – die Chóra   ▦ C 4

ca. 6000 Einwohner
Stadtplan ▶ S. 41
Die Chóra von Mykonos, das wohl beeindruckendste Ensemble schneeweißer, würfelförmiger Kykladenarchitektur, war einst eine Stadt der Seefahrer. Im 18. Jh. fuhren 500 der insgesamt 3000 Einwohner zur See. Auf den zum Teil bis heute namenlosen Gassen, die sich vom Hafen aus zwischen den niedrigen Häusern den Berg hinaufwinden, transportierten Esel das Lebensnotwendigste von den Schiffen in die Häuser. Heute flanieren Urlauber aus aller Welt durch die dünnen Lebensadern am Meer. Es gibt kaum ein Haus, in dem sich nicht ein Laden oder ein Restaurant befindet, kaum einen Stein, der nicht mit weißer Farbe überstrichen ist. Früh morgens, wenn die Putzkolonnen durch die Gassen ziehen und die Spuren der Nacht beseitigen, sieht man, wie sich Männer mit Farbeimern um das unbefleckte Weiß der Stadt kümmern.

In der Chóra von Mykonos ist man der traditionellen Architektur der Kykladen treu geblieben, sogar die neuen Hotels und Restaurants fügen sich nahtlos und unauffällig in das Labyrinth einer Altstadt, die voller Überraschungen steckt. Auf winzigen Plätzen stehen die dicken Stämme einer Palme, neben einem steinernen Bänkchen ranken aus weißen Blumentöpfen duftender Jasmin und leuchtende Bougainvilleen. Steinerne Treppen führen, flankiert von weiß getünchten Blechkanistern voller Geranien, von den Straßen in die Obergeschosse. Museen und Supermärkte sind dezent in kleinen, alten Häusern untergebracht, sogar die Kirchen sind zwischen den Mauern der Wohnhäuser eingezwängt und von so bescheidener Höhe, dass sie kaum zu sehen sind. Die Altstadt von Mykonos ist eine perfekte griechische Kulisse.

SEHENSWERTES

⭐ Kástro 👭🧍   ▶ S. 41, a 3

Kástro ist das älteste Viertel der Stadt. Es hat seinen Namen von einem kleinen, von dicken Mauern samt massigen Wehrtürmen bestandenen Kastell, das im 13. Jh. von den Venezianern auf einem Hügel über dem Alten Hafen errichtet wurde. Von hier aus hatten die ersten Bewohner der Insel einen Ausblick aus bester Lage sowohl auf das Hinterland als auch auf sich nähernde Schiffe und die Nachbarinsel Tinos. Bis zu 2000 Menschen sollen innerhalb der Wehrmauern auf gerade einmal 1700 m² in den winzigen, zum Teil von Häusern überbauten Gassen gelebt haben. Diese »Katastéyes« erinnern an die labyrinthartigen Medinas Nordafrikas oder die Gassen süditalienischer Hafenorte.

Die größte Attraktion des Viertels ist eine Kirche am Meer, die im Lauf von sechs Jahrhunderten aus mehreren ineinander verschachtelten und sogar übereinandergebauten, von dicken Kalkschichten überzogenen Ruinen entstand. Das ungewöhnliche Gotteshaus, das einst vor den Toren der alten Wehrburg stand, trägt den Namen **Panagía Paraportianí** ⭐, was so viel bedeuten soll wie »Kirche vor dem Tor«. Das Ensemble, das wie eine schneebedeckte Ruine vor einem sommerlich blauen Meer aussieht, ist neben »Klein-

Venedig« und den Windmühlen das beliebteste Fotomotiv der Insel. Von innen besichtigen kann man das Gotteshaus jedoch leider nicht.

⭐ »Klein-Venedig«   ▶ S. 41, a 4

»Mikrá Venetía« ist nicht mehr als eine kurze Zeile alter Kapitänshäuser am Meer im Viertel Alefkándra. In den meisten sind heute Cafés und Restaurants untergebracht, nur noch neun dienen als Wohnhäuser. Es sind großzügige Bauten mit hellen Räumen, fast alle haben im Westen einen hölzernen Erker über dem Meer. Früher, als das Ufer noch nicht befestigt war, saßen hier an heißen Tagen die Frauen auf Felsen und Kieseln vor den Hausmauern im Schatten, um Kartoffeln zu schälen, an der Mitgift zu häkeln oder Fische zu putzen. Vor allem aber, um in der kühlen Brise zu schwatzen, wenn die Kapitäne die Häuser über die Hintertüren verlassen hatten, die zu den hölzernen Stegen aufs Meer führten, an denen sie ihre Boote festgemacht hatten.

Heute sitzen hier keine griechischen Frauen mehr auf Kieseln, heute sind es – bevorzugt zum Sonnenuntergang – Touristen auf Stühlen und Sesseln in der kühlen Meeresbrise.

⭐ Windmühlen   ▶ S. 41, a 5

Die Chóra von Mykonos gilt als die Stadt der Windmühlen – fünf von ihnen haben es auf Millionen von Postkarten gebracht. Früher kündigten die weißen Segel der Mühlen auf dem Hügel neben dem Kapitänsviertel den heimkehrenden Seefahrern schon aus der Ferne den ersehnten Heimathafen an, und noch heute werden sie von den Kreuzfahrtschiffen mit einem inbrünstigem Signalton begrüßt.

Mykonos-Stadt

a   b   c

1

Ag. Stephánou

2

Fähranlegestelle

Archäologisches Museum

OTE

Alter Hafen

Agía Ánna

Boote nach Delos

3

Kástro

Folkloremuseum

Rat-
haus

Ágios Nikólaos

Platía Mantó Mavrogénous

Bónis Windmühle

Panagía Paraportianí

Platía Agía Moní

Hafenpromenade

Agía Kiriakí

Venetía
(Klein-Venedig)

Alefkándra

Ag. Kiriakí

4

Panagía Theotókos
Pigadiótissa

Kino

Haus
der Léna

Katógera

Kulturzentrum

Panachroú

Panagía
Rosário

Seefahrts-
museum

Enóplon Dinámeon

Windmühlen

Platía Lákka

Laka

Hotel Rochari

Amphitheater

5

Chóra

Platía Niochóri

6

N

0 ———— 180 m

© MERIAN-Kartographie

b   c

Andrónikos-Hotel

Mykonos, sagen die Mykonioten, sei »die Insel der Winde« und »der Kapitäne«. Denn wer in der unruhigen See der Kykladen das Segeln erlernte, den konnte man getrost bis ans Ende der Welt schicken. Die Kapitäne der Dreimaster sind zwar längst ausgestorben, doch einige der einstmals zahlreichen Windmühlen der Insel existieren bis heute. Noch in den 1960er-Jahren mahlten die Mykonioten das Korn der Nachbarinseln, eines der wenigen Exportgüter von Mykonos war »Paximádi«. Der harte Zwieback war bei Seefahrern so beliebt, dass er sogar bis nach Russland und Frankreich ausgeführt wurde. Heute stehen die Mühlräder still. In einer der Mühlen am Meer aber hat Chrístos Plastoúrgos sein Atelier eingerichtet und ihm den Namen Minotaurus verliehen. Er verkauft hier Modeschmuck und Souvenirs –

natürlich auch kleine, strahlend weiß lackierte Windmühlen.
Chrístos Plastoúrgos • Káto Míli • Tel. 22 89 02 83 35

MUSEEN
 Archäologisches Museum

▸ S. 41, c 2

Wer nicht auf die sogenannte Museumsinsel Delos übersetzen will, um die berühmtesten Altertümer der Kykladen zu bestaunen, kann einen Blick ins Archäologische Museum in der Nähe des Hafens von Mykonos werfen. Einige der archäologischen Funde von der Toteninsel Rhénia, die nicht ins Ausland, nach Athen oder Delos verschifft wurden, landeten im Museum von Mykonos. Rhénia ist ein kleines Eiland gegenüber von Delos, auf dem die Toten von Delos begraben wurden, als Friedhöfe 426 v. Chr. dort verboten wur-

Im Zita-Saal des Archäologischen Museums (▸ MERIAN TopTen, S. 42) in Mykonos-Stadt sind verschiedene Grabstelen der Nekropole von Rhénia zu sehen.

den. Neben Grabstelen werden u. a. Amphoren und andere Gefäße sowie Skulpturen präsentiert.

Auf Mykonos selbst wurde in den 1960er-Jahren mitten in der Altstadt bei den »drei Brunnen« eine beeindruckende Amphore aus dem 7. Jh. v. Chr. gefunden, die mit einem Relief verziert ist. Der mannshohe Krug steht gleich am Eingang zum Museum und ist der ganze archäologische Stolz der Insel, da das Relief die älteste Darstellung des berühmten Trojanischen Pferdes ist. Ebenfalls auf Mykonos gefunden wurden Schmuck- und Kunstgegenstände, die zum Teil schon 5000 Jahre alt sind. Von der Insel Delos oder von anderen Inseln der Kykladen kommen vorchristliche Grabsteine, Tonfiguren und Alltagsgegenstände.
Ág. Stefánou • Tel. 22 89 02 23 25 • Di–So 8.30–15 Uhr • Eintritt 2 €

Bonis Windmühle 🕴️🕴️ ▸ S. 41, c 3

Bonis Windmühle ist die einzige auf Mykonos, in der die Konstruktion und Funktionsweise der Mühlen demonstriert wird. 1962 erwarb das Folkloremuseum die Mühle aus dem 16. Jh. Postkarten aus den 1950er-Jahren zeigen die weißen Türme der »Oberen Mühlen« mit den roten Dächern noch an einem ummauerten Sträßchen zwischen den Feldern. Inzwischen hat die wachsende Stadt sie längst eingeholt.

Anschaulich wird der Weg vom Korn zum Mehl, von der Arbeit auf dem steinigen Acker bis hin zum duftenden Laib Brot dargestellt. Es wird erklärt, wie die zwölf Segel zwischen den Seilen und Hölzern aufgezogen wurden, wie der Wind die 8 m lange Hauptachse in Bewegung setzte und wie die hölzernen Zahn-

räder ineinandergriffen, um vertikale Kräfte in horizontale zu verwandeln, bis am Ende aus einem kleinen, hölzernen Schacht das Mehl in die Säcke rieselt. Darüber hinaus zeigt die Ausstellung im Mühlenturm die alten Dreschplätze, aus denen der Meltemi die Spreu wehen sollte, und die griechischen Backöfen, die in keinem Wohnhaus fehlten. Informiert wird zudem über die Weingärten der Insel, die erst mit dem Einzug des Massentourismus aus dem Landschaftsbild verschwanden, und die Taubenhäuser, mit denen die Bauern ihre Speisekarte um ein gutes Stück Fleisch bereicherten. Das Museum von Bonis Mühle vermittelt einen Überblick über das frühere Leben auf einer Insel, die sich im Lauf der Zeit ganz dem Tourismus verschrieben hat.
Od. Ág. Ioánnou, Áno Míli • Tel. 22 89 02 25 91 • tgl. 16–20 Uhr • Eintritt frei

FotoTipp

MUSEUMSMÜHLE

Bei der Museumsmühle an der Od. Ág. Ioánnou hat man einen wunderbaren Blick über die weiße Stadt. Von der besten Seite zeigen sich die Mühle und das darunter liegende würfelförmige Häusermeer am frühen Morgen, wenn die Sonne hinter dem Berg aufgeht und erste glitzernde Sonnenstrahlen aufs Meer fallen. ▸ S. 43

Folkloremuseum 🕴️🕴️ ▸ S. 41, a 3

Nicht weit entfernt von der Panagía Paraportianí befindet sich im Haus des alten Kapitäns Nikólas Malóuhos direkt am Meer das Folkloremuseum. In drei nebeneinanderliegenden

Zimmern, deren Fenster sich alle zum Hafen hinaus öffnen, sowie in zwei angrenzenden Lagerräumen und einem Keller sind verschiedene Themenbereiche aufgearbeitet. In den ersten beiden Räumen werfen alte Öllampen Licht auf die Dinge des alltäglichen Lebens. Neben den typischen Möbeln der Kapitänshäuser, dem Grammofon und der gewaltigen Standuhr – lauter prestigeträchtigen Mitbringseln der Kapitäne – schmücken die Webarbeiten der Kapitänsfrauen die Wände. Im zweiten Raum, dem ehemaligen **Wohnzimmer**, werden einige Persönlichkeiten der Insel Mykonos und die Inselgeschichte vorgestellt. Musikinstrumente, eine alte Nähmaschine, Glasvitrinen mit Porzellan und dicke Polstermöbel gruppieren sich in der guten Stube um den großen Esstisch in der Mitte. In der **Schlafkammer** sitzt auf einem französischen Eisenbett eine Puppe, in der **Küche** hängt das alte Wandregal mit den Messbechern. Im fünften Raum befindet sich schließlich die **Bibliothek** mit allerlei historischen Dokumenten.

Im kühlen **Keller**, dem letzten Raum mit dem Titel »Mykonos und die See«, verbergen sich die wahren Schätze dieses Museums. Auch hier sind – ähnlich wie im Nautischen Museum – Schiffsmodelle ausgestellt, mit deren Herstellung sich Fischer und Seefahrer in der Freizeit beschäftigten. Aber während es im Nautischen Museum eher wissenschaftlich korrekt zugeht, kommen hier Mythen und Legenden zu Wort (▸ Familientipps, S. 35).

Da ist die schwere Grabplatte des berühmten Piraten Manólis Mermeléchas, der wie kaum ein anderer den Meltemi zu nutzen wusste und sowohl seinen muslimischen als auch seinen orthodoxen Verfolgern stets entkommen konnte. Nach vielen erfolgreichen Raubzügen wurde er angeblich zur »Landratte«, eröffnete eine Bäckerei und wurde am Ende christlich bestattet. Die marmorne Grabplatte liegt jetzt auf jenem Brunnen, der sich einst vor dem Kastell befunden haben soll und von dem auch der alte Pirat angeblich einst sein Wasser holte. Eine Legende erzählt, dass Kapitän Nikólas Maloúhos, der Urgroßvater des Museumsgründers, den Brunnen vor dem Haus zugeschüttet hat, als seine Tochter hineingestürzt und beinahe darin ertrunken wäre.

Neben dem im Keller wieder aufgebauten Brunnen mit der Grabplatte liegen Ledertaschen und die hölzernen Schatzschatullen des ehemaligen Freibeuters. In einem Hohlraum in der Kellerwand, in dem sich einst der Backofen des Seefahrers befunden haben könnte, kann man alte, von versteinerten Muscheln besetzte Amphoren sehen, die einst mit Gold und Edelsteinen randvoll gewesen sein müssen.

Gegenüber dieser einstigen Seeräuberhöhle befindet sich ein komplettes **Kriegsschiff** mit alten Kanonen und einem Holzkübel voller Schwerter, Degen, Messer und allem, was in einem abenteuerreichen Seefahrerleben unabdingbar war. Es ist eines von insgesamt 22 mykoniotischen Schiffen, die zu Beginn des Freiheitskrieges im Jahre 1821 auf der Insel notiert wurden. Alles an Bord ist original, nur der 8 m lange Rumpf wurde nach historischen Plänen nachgebaut. Die Ketten, Anker, die Bojen aus Flaschenkürbissen und

Mit seiner authentischen Möblierung lässt das Haus der Léna (▸ S. 45), im Bild das Schlafzimmer, die Zeit des 19. Jhs. auf Mykonos wiederaufleben.

die schweren Schiffstaue, sogar der vom Holzwurm zerfressene Mast mit seinem roten Segel, sind Originale, zwischen denen Kinder stundenlang spielen können – und dürfen.
Platía Paraportianí • Áno Míli • Tel. 22 89 02 25 91 • Mo–Sa 17.30–20.30 Uhr • Eintritt 2 €

Haus der Léna   ▸ S. 41, b 4

Beim Betreten dieses Haus beginnt eine nostalgische Zeitreise. Denn aus den abgelaufenen Dielen, den handgewebten Teppichen, den bestickten Kissenbezügen, den ächzenden Schränken mit ihren staubigen Büchern, aus jedem Winkel dieses Hauses strömt Vergangenheit. Während ringsum die Zeit in rasendem Tempo voranschritt und aus Wohnräumen Cafés und Geschäfte machte, blieb hier alles, wie es war. Denn als Léna 1970 starb, vermachte sie ihr Haus mit allem, was darin war, der Stadt.

Und setzte damit sich und einer auf der Insel inzwischen längst vergangenen Lebensweise ein Denkmal. Inzwischen ist der alte Hausrat der Léna von den Museumsleitern um einige Exponate aus anderen Häusern und Rumpelkammern erweitert worden. Ein echtes Museum ist es dennoch nicht geworden. Wer hier eintritt, der möchte eigentlich einziehen. Das Haus der Léna hat alles, was der Mensch zum Leben braucht: ein Sofa, einen Tisch, Sessel und Stühle, Lampen und Bilder und einen Sekretär im Wohnzimmer. Vor dem Spinnrad liegt Wolle, die Nähmaschine ist eingefädelt, das Bügeleisen sieht aus, als wäre es noch warm, in den zwei Schlafkammern sind die Betten bereitet, und auf dem Nachttisch unter der Leselampe liegt ein französisches Buch. Am Fußende steht die große Reisekiste, an den Wänden hängen Bilder mit Segelschiffen und Kamelen, die von Fernweh zeugen. Das Haus der Léna ist ein Haus voller lebendiger Geschichten, die die Fantasie anregen. Weshalb immer wieder plötzlich Leute in der Tür stehen und verwundert fragen: Ist das ein Museum oder ist das ein Haus? Es ist beides.

Enóplon Dinámeon, Tría Pigádia • Tel. 22 89 02 87 64 • Mo–Sa 18.30–21.30 Uhr • Eintritt 2 €

 ## FotoTipp

PANAGÍA PARAPORTIANÍ

Neben den fünf unteren Windmühlen ist die weiß getünchte Panagía Paraportianí im Kástro-Viertel das beliebteste Fotomotiv der Insel. Nicht nur Touristen lichten sich hier ab, auch Modefotografen stellen ihre Modelle vor den strahlend weißen Hintergrund, der bis zum Nachmittag jeden Reflektor unnötig macht.   ► S. 40

Nautisches Museum 🎎   ► S. 41, b 4

Das von dem passionierten Seefahrrer Drakópoulos eingerichtete Privatmuseum im Zentrum der Altstadt liegt gleich neben dem »Haus der Léna« im Viertel Tría Pigádia. Neben Landkarten griechischer Inseln und jener Häfen, die griechische Schiffe in den letzten Jahrhunderten ansteuerten, stehen unter Glas detailgetreue Nachbauten alter Schiffe, darunter eine griechische Trireme aus dem 7. Jh. v. Chr. für 130 Ruderer, die in drei Etagen übereinandersitzen und schwitzen mussten. Sextanten, Fernrohre aus Messing, Globusse und riesige Kompasse lassen Fans von Jack Sparrow, dem Seewolf oder Käpt'n Flint höherschlagen. Alte Stiche an den Wänden zeigen die griechischen Helden der Meere des 18. und 19. Jhs., im Hof hinter dem Haus erblickt man ein gewaltiges Steuerrad und einige rostige Kanonen. Über eine winzige Treppe können Kinder die ehemalige Spitze des 125 Jahre alten Leuchtturms von Kap Armenistís besteigen und sich über die riesige Glühbirne hinter den geschliffenen Linsen wundern, die das Licht aus dem Inneren weit auf das Meer hinauswarfen. Der Leuchtturm, der zuerst noch mit einer Petroleumlampe ausgestattet war, leuchtete noch in den 1960erJahren den einfahrenden Schiffen heim.

Enóplon Dinámeon 10 • Tel. 28 89 02 27 00 • 10.30–13, 18.30–21 Uhr • Eintritt 4 €

SPAZIERGANG

Stadtplan ► S. 41

Der Rundgang beginnt bei Káto Míli, den fünf unteren **Windmühlen** ⭐ südlich von Alefkándra. Seit 1926 die ersten Kreuzfahrtschiffe die gegenüberliegende Insel Delos mit ihren Marmorsäulen ansteuerten und die ersten Postkarten mit den Windmühlen von Mykonos gedruckt wurden, sind die weißen Türme mit ihren Segeln zum Wahrzeichen geworden. Von den Mühlen aus führt der Weg nur ein paar Schritte in nördlicher Richtung hinunter ins **Altstadtviertel Alefkándra** mit seinen drei Kirchen am Meer. Mit etwas Glück begegnet man hier unten »**Petros II.**«. Der erste Pelikan von Mykonos, der schon in den 1990er-Jahren durch die Altstadt watschelte und schnell zum Maskottchen der Chóra wurde, musste schnellstens ersetzt werden, als »Petros I.« die Insel eines Tages für immer verließ.

Wer sich in den Altstadtgassen (▶ S. 46) von Mykonos zwischen weiß gekalkten Häusern, Kirchen und Mauern verliert, entdeckt überall verzauberte Winkel.

Vom Platz vor den Kirchen geht es am Meer unter den alten Fenstern und bunten Holzbalkonen der Kapitänshäuser von »**Klein-Venedig**« ⭐ entlang. Der Weg schlängelt sich durch Tische, Stühle und Polstersessel der Bars und Cafés, die in den alten Häusern der Seefahrer eingerichtet wurden und die den an manchen Stellen nur noch 1 m breiten Uferstreifen zu der vielleicht schmalsten Uferpromenade der Welt werden ließen. Eines der ältesten und stattlichsten Häuser ist das im 18. Jh. erbaute Kapitänshaus, in dem sich heute das

Restaurant Veránda mit einem rundum verlaufenden Balkon aus Holz im ersten Stock befindet.

Danach zieht sich der Uferweg hinter die Häuser zurück. An der zum Kastell ansteigenden Gasse haben sich die Schmuckläden angesiedelt und erinnern mit ihren Lederarmbändern, Muscheln und Glasperlen an jene Zeiten, als die Hippies die Insel entdeckten. Die Türen in den Häusern auf der linken Seite der Straße führen zu einer Reihe höher gelegener Cafés mit kleinen Erkern und großen Schaufenstern mit Blick aufs Meer. Das Lokal Kástro's, das sich abends vom Restaurant zur Cocktailbar mausert, markiert das Ende »Klein-Venedigs«.

Auf der Anhöhe hinter dem kleinen Lokal steht die strahlend weiße Kirchenruine der **Panagía Paraportianí** ⭐, die wie so viele andere der Heiligen Jungfrau gewidmet ist. Es handelt sich um vier, heute vom Einsturz bedrohte und scheinbar nur noch von dicken Kalkschichten zusammengehaltene Kapellen zu ebener Erde, auf die man zur Krönung noch eine fünfte obenauf setzte. Der Zusatz »Paraportianí« in ihrem Namen weist darauf hin, dass sie einst vor den Toren eines Kastells lag, das kein Geringerer als der legendäre Barbarossa 1535 niedergebrannt haben soll, um einen Teil der Bevölkerung als Sklaven zu entführen und zu verkaufen, so erzählen es die Mykonioten. Die alte Festungsanlage jedenfalls gab dem Viertel auf dem Hügel seinen Namen: **Kástro** ⭐.

Unterhalb der fotogenen Kirche befindet sich in einem der alten Kapitänshäuser das bereits 1958 eröffnete **Folkloremuseum** der Stadt mit liebevoll arrangierten Ausstellungsstücken und einer nautischen Abteilung im kühlen Keller, in dem der Grabstein des Piraten Mermeléchas aufbewahrt wird. Gegenüber dem Museum liegt das prächtige Haus mit der **Werkstatt von Ioánna Souganélli,** der Frau eines Kapitäns, der sich, ebenso wie der berühmte Pirat, eines Tages in seinem Heimathafen zur Ruhe setzte. Seine Frau dagegen sitzt noch immer am Webstuhl. Früher wob sie Teppiche, Decken und Rucksäcke, heute sind es Taschen, Schals und Tücher. »Wir hatten hier auf der Insel einmal 400 Webstühle, die

Rund 350 Kirchen und Kapellen besitzt Mykonos, einige davon haben blaue, andere rote Kuppeln, so wie dieses Kirchlein in Mykonos-Stadt (▶ S. 39).

Stoffe von Mykonos waren weltbekannt! Jetzt«, sagt Ioánna Souganélli, »sind wir noch zu zweit. Das meiste, was heutzutage in den Geschäften hängt, kommt aus China«. Einen Tag braucht sie für einen Schal, unterbrochen nur von Kaffeepausen und Touristen, die den Kopf durch die Tür stecken, um zu sehen, wie Ioánna Souganélli das Schiffchen zwischen ihren Fäden hin und her schießt. Manchmal sitzt auch der alte Kapitän in ihrem kleinen Arbeitszimmer, schaut der Frau bei der Arbeit zu und spinnt für all jene, die des Griechischen mächtig sind, noch ein bisschen Seemannsgarn hinzu.

Hinter dem Hügel von Kástro beginnt die **Hafenpromenade** mit der Kapelle des Patrons der Seefahrer und einer großen Gelateria mit quietschbunten und zuckersüßen Eiscremes. Wer in einem der engen Nadelöhre verschwindet, die sich zwischen Geschäften, Tavernen und Cafés auftun, taucht ein ins Labyrinth eines Viertels, in dem die Wege keine Namen mehr haben. Wie in orientalischen Medinas bilden die Gassen, die unter den Häusern durchführen, Gänge, und hinter jeder Ecke lauert eine Überraschung: ein Barbier, ein Lebensmittelladen, eine Boutique, der Garten eines Wohnhauses, eine Kirche, oder eine verschlossene Tür am Ende einer Sackgasse.

Wer dann zurückgefunden hat zur Promenade, läuft an Fischer- und Ausflugsbooten, Cafés und Restaurants entlang bis zu einem kleinen **Stadtstrand**, an dem auch Einheimische an heißen Tagen Abkühlung suchen und braungebrannte Kinder von der Terrasse des geschlossenen Hotels Delos ins Meer springen. Der kleine Strand endet bei der Taverna Kávos, doch der Weg führt weiter zu einer ausgedienten roten Barke, die seit Jahren auf dem Trockendeck liegt und das Ende der Bucht markiert. Von hier schlingt sich der Weg um einen Felsen herum am Jachthafen vorbei bis zur Busstation am Fährhafen. Die alte, kurvenreiche Uferstraße führt von hier aus einige Meter über dem Meer zurück in die Altstadt.
Dauer: 2 Stunden (ohne Museumsbesuche)

⭐ **MERIAN Tipp**

HOTEL ROCHARI

Das Hotel Róchari kann seit vielen Jahren auf seine Stammgäste rechnen. Während andere Hotels auf Luxus setzen, überzeugt dieses Haus mit seinen schönen Zimmern und Terrassen oberhalb der Stadt vor allem durch den Charme und die Natürlichkeit seiner Leitung. ▶ S. 14

ÜBERNACHTEN

Semeli ▶ S. 41, c 5
Luxuriös • Das Semeli ist ein stilvolles Luxusquartier mit zwei Pools, Spa- und Sportbereichen, eigener Tiefgarage, verschiedenen Suiten und 65 Zimmern in separaten Häusern über dem Meer. Das Publikum reist aus aller Welt an, doch während es im Frühjahr und im Herbst eher ein Ort zum Entspannen ist, verwandelt es sich in den Sommermonaten zu einer Location geballter Lebenslust. Sogar Familien, die im Juli im Semeli Urlaub machen, haben eher das Bedürfnis nach Unterhaltung als nach Ruhe. Ág. Ioánnou • Tel. 22 89 07 27 46 67 • www.semelihotel.gr • ganzjährig • 65 Zimmer • €€€€

Elysium ▸ S. 41, c 6

Szene-Hotel • Das bekannteste Hotel der Gay-Szene. Die himmlischen Gefilde liegen am Berg neben der Kapelle Ágios Nikólaos. Als angesagte Adresse unter jungen Männern kommt das Hotel mit 42 Zimmern natürlich nicht ohne eigenen Pool mit Poolbar und nicht ohne eine eigene Sauna aus. Von der Sunset Bar eröffnet sich ein großes Panorama über das nächtlich glitzernde Mykonos. Und natürlich finden hier oben Travestie-Shows und andere Veranstaltungen statt, wie man sie sonst eher aus Großstädten kennt.
Bei der School of Fine Arts • Tel. 22 89 02 39 52 • www.elysium hotel.com • 42 Zimmer • €€€

Ilio Maris ▸ S. 41, b 6

Am Berg • Das Hotel auf einem Hügel am Stadtrand hat einen Blick über die Chóra und das Hinterland. Hinter steinernen Mauern verbirgt sich ein Arrangement aus Häuschen, die locker um einen Pool herum drapiert sind. Wer dem vielen Weiß auf der Insel überdrüssig geworden ist, der findet in den 28 künstlerisch gestalteten Zimmern mit ihren dezent gefärbten Zimmerwänden etwas Abwechslung.
Od. Mykónou • Tel. 22 89 02 37 55 • www.iliomaris.com • 28 Zimmer • €€€

Adam Mikele ▸ S. 41, a 5

Abseits • Ein wenig abseits vom Trubel der Altstadt zwischen einfachen Wohnhäusern und einfachen Leuten vermietet Adam Mikele Apartments mit Blick auf die Windmühlen und das Meer. Das kleine Haus mit seinen hellblauen Türen steht auf dem Windmühlenhügel am Stadtrand und verfügt über 14 eher einfache

Zimmer mit Dusche, Toilette und Klimaanlage.
Xénias 20 (neben der Wäscherei) • Tel. 00 30 69 45 36 32 47 • 14 Zimmer • €€

Matina Garden ▸ S. 41, b 4

Ruhig • Das kleine Anwesen liegt inmitten eines von Natursteinmauern umfriedeten Gartens mit hohen Bäumen. Das Haus mit seinen 16 Zimmern hat sich eine private Atmosphäre bewahrt, das Frühstück wird von den vielen Stammgästen am liebsten im Garten eingenommen. Neben den komfortablen Hotelzimmern gibt es in einem Nebengebäude ein Hostel mit sieben Doppelzimmern und »verhandelbaren Preisen«, in der Vorsaison schon ab 30 €.
Fournákia 3 • Tel. 22 89 02 23 87 • www.hotelmatina-mykonos.com • 16 Zimmer • €€

Nazos ▸ S. 41, c 6

Pension • Ein typisch griechisches Haus mit vielen Blumentöpfen in einer ruhigen Gegend über der Stadt. Die Bougainvillea, der rankende Wein, die duftenden Zitronenbäume und das Vogelgezwitscher haben das Haus von Nikólas und Kaliópi nicht weit entfernt vom gay-freundlichen Elysium zu einer sehr idyllischen Alternative insbesondere für Frauen gemacht.
Bei der School of Fine Arts • Tel. 22 89 02 26 26 • www.hotelnazos.com • 14 Zimmer • €€

ESSEN UND TRINKEN

Mamaloúka ▸ S. 41, b 4

Vornehm und ruhig • Versteckt hinter der Panagía Pigadiótissa, der Metropolis-Kirche der Stadt, führt ein weißer, langer Gang in einen

Was gibt es Schöneres, als nach einem langen Strandtag in einem der zahlreichen Restaurants der Chóra (▶ S. 39) den Abend einzuläuten?

stillen Hof unter Bäumen. An den großen Holztischen hängen Sektkübel, in die weißen Wände sind bunte Glassteine eingesetzt. Die gediegene Atmosphäre wird von Gitarrenmusik begleitet, das Personal ist von ausgewählter Höflichkeit. Die mediterrane Speisekarte lockt mit Risotto und Hummer, Chateaubriand und Trüffeln. Sogar abends, wenn das Lokal zur Cocktailbar wird, ist dieses Restaurant eine Oase der Ruhe.
Kouzi Georgoúli 53 • Tel. 22 89 02 35 05 • www.mamalouka-mykonos. gr • €€€€

Sale & Pepe ▶ S. 41, b 5
Weit berühmt • Ein, so erzählt man, weit über Mykonos hinaus bekanntes italienisches Lokal der höheren Preisklasse, das schon so manchen Jacht- und Segelschiffkapitän auf der Suche nach einem Reiseziel dazu bewogen haben soll, die Insel Mykonos anzusteuern – und zwar einzig und alleine der fantastischen Spaghetti wegen!
Platía Lákka • Tel. 22 89 02 42 07 • nur abends • €€€€

Alefkándra ▶ S. 41, a 4
Zum Sonnenuntergang • Wer einen Abend lang keine teuren Cocktails trinken oder nach langen Nächten einmal etwas früher schlafen gehen möchte, aber dennoch nicht auf den legendären Sonnenuntergang verzichten möchte, der kann im Alefkándra zu Abend essen. Die Speisekarte ist griechisch-mediterran.
Alefkándra • Tel. 22 89 02 24 50 • €€€

Marias Restaurant ▶ S. 41, c 3
Im Schatten • Vom kleinen Sandstrand am Alten Hafen entführt ein schmaler, von Geranien in 40 bunt lackierten Blechkanistern flankierter

Weg zu einem kleinen, von einem Bambusdach beschatteten Platz. Darunter hat Maria 1975 ihre bunten Holztische aufgestellt und füllt seitdem Tomaten, grillt Fleisch und kocht Spaghetti. Ergänzt wird die Speisekarte durch Pizza und deftige Crêpes.
Ágia Ánna • Kamnáki • Tel. 22 89 02 28 40 • €€€

Nice N Easy
▶ S. 41, a 4

Biologisch • Das Nice N Easy ist das bislang einzige Bio-Restaurant der Insel und natürlich Treffpunkt aller internationalen Vegetarier, Veganer und Bio-Food-Anhänger. Abgesehen von den ausgewählten Zutaten und einigen Gerichten, die man auf anderen Speisekarten in der Regel vergeblich sucht, unterscheidet sich das Restaurant jedoch, zumindest äußerlich, kaum von den anderen: Die weißen Tische stehen nah am Wasser am Ende von »Klein-Venedig«. Zum Frühstück gibt es hier neben dem klassischen Müsli oder Tofugerichten auch ein Käsefrühstück à la Anthony Quinn – auch wenn der eigentlich am Strand von Kreta und nicht auf Mykonos tanzte. Später am Tag werden Tortillas und glutenfreies Bier serviert.
Alefkándra • Tel. 22 89 02 54 21 • www.niceneasy.gr • €€€

⭐ MERIAN Tipp

NIKO'S TAVERNA

Ein Klassiker in Mykonos: In dem Lokal mit den rot-weiß-karierten Tischdecken an der Platía Agía Moní im historischen Kástro-Viertel trinken auch die Einheimischen abends gern ein Bier oder einen Wein.
▶ S. 15

Bar Fanis 🍴
▶ S. 41, b 6

Authentisch • Eine echte griechische Imbissstube mit schnulzigen Schlagern, einer Dosis Straßenlärm und einer leichten Prise Benzingeruch gleich bei der Busstation am Eingang zur Altstadt. Hier sitzen die Griechen noch seitwärts auf ihren Stühlen und flirten mit der Kellnerin, während im harten Neonlicht des Hinterzimmers die Karten gemischt werden.
Agíou Loúka, Fábrika • €€

Café Ode
▶ S. 41, b 4

Unter Einheimischen • Ein von jungen, relaxten Einheimischen gern besuchtes Lokal mit sanfter Musik, langen Steinsofas voller Kissen unter freiem Himmel und einem Fernseher für Fußballübertragungen, der nicht einmal dann beachtet wird, wenn Bayern in der Championsleague gegen Barca spielt. Serviert werden Getränke aller Art, Snacks und Kuchen.
Tría Pigádia • Tel. 00 30 69 80 61 11 54 • €€

Kounelas
▶ S. 41, b 4

Frischer Fisch • In einer der Gassen hinter dem Rathaus versteckt sich eine der wenigen Fischtavernen der Chóra. Auf Wunsch werden Barben, Brassen und Doraden in der Pfanne mit Olivenöl frittiert oder aber auf den großen Holzkohlegrill im Hof gelegt und mit viel Zitrone und frischem Weißbrot serviert.
Im Hafenviertel • Svorónou 1 • Tel. 22 89 02 82 20 • www.kounelas-myconos.com • €€

EINKAUFEN

Cellier
▶ S. 41, b 5

Vorbei sind die Zeiten, als man griechischen Wein aus Kanistern in dickwandige Gläser kippte. Mykonos

trinkt Weine von Rothschild und Sekt aus der Champagne. Nur, dass die edlen Flaschen hier noch ein kleines bisschen mehr kosten als irgendwo sonst auf der Welt.
Od. Ág. Ioánnou • www.cellier.gr • Tel. 22 89 02 24 49

Ikonen   ▶ S. 41, b 3

1902 begann Sofoklés Giorgiádis mit der Ikonenmalerei. Inzwischen hält der Enkel den Pinsel in der Hand und hat Hunderte von Ikonen in seinem Laden unweit der Hafenpromenade ausgestellt. Auf der Suche nach Projektionsflächen für die Heiligen ist dem leidenschaftlichen Maler nichts heilig: Selbst alte Holzschalen und Schiffsplanken werden bei ihm zu Christusbildern. Bis heute machen Griechen den größten Teil der Kundschaft aus, doch verirren sich immer mehr Touristen in die Welt der Heiligenbilder. Die kleineren Formate passen in jeden Koffer und kosten auch nicht mehr als ein Essen mit Pommes auf der Hafenpromenade.
Giorgiádis • Paralía Mykonos • Tel. 22 89 02 91 44

Ioánna Souganélli   ▶ S. 41, a 3

In einem alten Kapitänshaus am Platz vor der berühmten Panagía Paraportianí hat Ioánna Souganélli ihre Werkstatt und verkauft dort nach traditionellen mykoniotischen Mustern gewebte Schals, Taschen und Tücher. Sie ist eine der letzten Weberinnen von Mykonos, die in den 1950er- und 60er-Jahren internationale Berühmtheit erlangten, als ein französischer Modedesigner die Insel besuchte und die kunstvollen Stoffe in eine seiner Kollektionen einbaute.
Platía Paraportianí • Tel. 22 89 02 21 50

⭐ **3** **MERIAN Tipp**

WHITE SHOP MYKONOS

Ein märchenhafter Laden ganz in Weiß, in dem handgemachte traditionelle mykoniotische Stoffe, Spitzendeckchen, Kissenbezüge, weiße Hemden und viele andere Produkte angeboten werden. Das Geschäft in der Chóra ist mittlerweile nicht nur eine lokale Berühmtheit.   ▶ S. 15

Louis Vuitton   ▶ S. 41, b 4

Ein elegantes Modegeschäft mit bequemen Polstermöbeln zum Warten im Außenbereich und Verkäufern in Anzug und Krawatte. Während die griechischen Souvenirhändler gegenüber auf 20 m² 4000 Artikel lagern, begnügt sich die Pariser Dependance in ihren großzügigen Sälen mit zwei Kleidern, vier Blusen, drei Röcken und fünf Paar Schuhen. Die Pariser Handtaschen sehen denen von gegenüber täuschend ähnlich, beim Preis allerdings kommen bei Vuitton noch drei bis vier Nullen hinzu.
Od. Enóplon Dinámeon • Tría Pigádia • Tel. 22 89 07 88 50

Olive Tree   ▶ S. 41, b 4

Katerína Tzimá verkauft nicht weit von der zentralen Platía Mantó Mavrogénous am Alten Hafen kunstvoll geschnitzte Schüsseln, Küchenbretter, Salatbestecke und anderes Kunsthandwerk aus seidig glänzendem, schwarzadrigem Olivenholz. So schwer wie das Holz wiegen allerdings auch die Münzen, die Käufer für die hübschen Holzprodukte auf die Theke legen müssen.
Od. Mavrogénous 4 • Tel. 22 89 02 79 51

⭐ MERIAN Tipp

THE WORKSHOP

Chrístos Xenitídis hat sich auf der Insel einen Namen gemacht: Denn er ist der Letzte, der noch jene filigranen mykoniotischen Goldschmiedearbeiten herstellt, die im 19. Jh. auf Mykonos in Mode waren.   ▸ S. 15

Pelagos   ▸ S. 41, b 5

Der Souvenirshop mit dem Namen Pelagos ist etwas anders als die anderen. Zwar gibt es in den Körben vor dem Laden auch hier hübsch verpackte Olivenölseifen, kleine Naturschwämme und in Pastellfarben getauchte Bimssteine zur Körperpflege, doch im Innern des kleinen Geschäftes sitzen auf einer Tischkante ein paar Badenixen aus den 1920er-Jahren. Mit weißen Hüten und roten Lippen schlagen die tönernen Figuren die Beine kess übereinander, andere liegen auf dem Bauch und winken mit den lackierten Zehen. Jede der hübschen Figuren nimmt eine andere Pose ein, und deshalb ist dieses Geschäft fast schon eine Galerie. Agíou Evthimíou 16 • Tel. 22 89 02 85 51 • www.pelagosgiftshop.com

Tsirikaua   ▸ S. 41, b 4

Mitten im Labyrinth der Altstadt führt eine schmale Außentreppe in die winzige Werkstatt von Níkos Douvogiánnis. Sein erstes Werk war eine lederne Schultasche für die Bücher, später nähte er Jesuslatschen für die Hippies. Inzwischen ist er ein Künstler mit ganz eigenem Stil: Sandalen, die wie blaue Blumen aussehen, ein Amulett aus dem Skelett einer kleinen Python – alles hier hat Charakter. Der Mann, der früher sein Geld an der Athener Börse verdiente, sagt, er mache nur, was ihm gefalle. Das unterscheide ihn von vielen anderen. Vóriou Ípirou 1 • Tel. 22 89 02 56 77 • www.tsirikaua.gr

AM ABEND

Montparnasse   ▸ S. 41, a 4

In »Klein-Venedig« reiht sich Lokal an Lokal, aus jeder Tür schallt aufgeregte Musik. Nur aus der Pianobar Montparnasse dringt die ruhige, rauchige Stimme einer Jazzsängerin. Die Beleuchtung besteht aus Kerzen auf den Tischen und kleinen Lampen an der Theke, was dem Lokal etwas Anheimelndes verleiht. Das Montparnasse ist einer jener wenigen Orte auf der Insel, der schnell zum Treffpunkt und zur Ferienstammkneipe werden kann. Jeden Abend ab 22 Uhr treten in dem Jazz-Lokal, das ebenso gut in Berlin oder New York sein könnte, Musiker aus aller Welt auf und fühlen sich wohl in der Pianobar am Montparnasse von Mykonos. Od. Agíon Anargýron 24 • Tel. 22 89 02 37 19 • www.thepianobar.com

Taverna Cávos   ▸ S. 41, c 3

Hier gibt es tagsüber gegrillte oder gebratene Sardellen – was auf der Insel Mykonos eine Seltenheit geworden ist. Für die späteren Stunden stehen auf den Felsen über dem Restaurant auf kleinen Terrassen gemütliche Kanapees und Sessel mit herrlichem Blick auf den Hafen. Während die letzten Fischer nach dem Auslegen der Netze heimtuckern, mixen schöne Männer oder schöne Frauen bunte Cocktails, und aus den Lautsprechern ertönt leise Musik. Kamináki • Tel. 22 89 02 88 88

Veranda
▶ S. 41, a 4

Die Musik ist die neueste, die Beleuchtung futuristisch, und doch handelt es sich um eines der ältesten und stattlichsten Häuser in der Straße. Das Kapitänshaus, in dem sich heute das Restaurant Veranda mit seinem umlaufenden Balkon aus Holz im ersten Stock befindet, gibt es schon seit dem 18. Jh. Und nirgends kann man das abendliche Geschehen in »Klein-Venedig« besser beobachten als an einem der kleinen Tische mit den Kerzenlichtern vor dem alten Holzgeländer über dem Meer.
Od. Agíon Anargýron • Tel. 22 89 02 74 00 • www.verandamykonos.com

SERVICE

AUSFLUGSBOOTE
Von der westlichen Mole im Alten Hafen legen ab 9 Uhr mehrmals täglich Ausflugsboote zur Museumsinsel Delos ab. Die Überfahrt dauert ca. 30 Minuten, die Abfahrtszeiten können variieren. Tickets gibt es in allen Reisebüros an der Hafenpromenade sowie an der Anlegestelle bei den Schiffen. Die Überfahrt kostet 18 €, inklusive Führung 40 €.
Auskünfte Tel. 22 89 02 30 51 • www.delostours.gr/de

AUSKUNFT
Eine zentrale Touristeninformation gibt es auf Mykonos nicht. Zahlreiche Reisebüros in der Stadt informieren über Hotels, Transportmöglichkeiten, Schiffsverbindungen etc.

Zimmer- und Hotelvermittlung
▶ S. 41, c 3

Wer ein Zimmer sucht, erhält im Hafen neben dem Büro der Blue-Star-Ferries Auskunft.
Tel. 22 89 02 45 40

Da kann einem schon das Wasser im Mund zusammenlaufen: Mitarbeiter des Fischrestaurants Kounelas (▶ S. 52) präsentieren frische Krustentiere vom Holzkohlegrill.

Umweltfreundlich und zugleich luxuriös: das Mykonos Grand (▶ S. 58) setzt Maßstäbe und bietet seinen Gästen einen hoteleigenen Strand mit Blick auf die Insel Delos.

Rathaus   ▶ S. 41, b 3
Auch hier erhalten Touristen Auskünfte.
Paralía Mýkonou Mavrogénous

Sea & Sky   ▶ S. 41, c 3
Über Reiseverbindungen und Tagesausflüge informiert das Reisebüro in der Nähe des Fähranlegers.
Tel. 22 89 02 82 40/1

Touristenpolizei   C 4
Sie befindet sich am Flughafen von Mykonos.
Tel. 22 89 02 24 82

AUTOVERMIETUNGEN
Die Autovermieter von Mykonos lassen ungern, aber in der Regel immer mit sich handeln.

Am Busbahnhof Fábrika   ▶ S. 41, b 6
Einige dieser Autovermietungen befinden sich in der Nähe des Busbahnhofs Fábrika. Dort hat **Michális** Mietfahrzeuge aller Art (Auto 30 €, Roller ab 10 €). Gleich daneben bietet **Fábrika's Rent a Car** auch die Vermittlung von Fahrrädern des Fahrradverleihs **Ride a bike** an, Tel. 22 89 02 80 28, und ein Stück

weiter wartet **Joe Club**, einer der ältesten Vermieter im Ort, auf Kundschaft, Tel. 22 89 02 66 49.

Pégasus   ▶ S. 41, b 6

Über einen eigenen, für Kunden kostenfreien Parkplatz in Altstadtnähe verfügt die Vermietung Pégasus.
Kreuzung Od. Xénias, Ág. Ioánnou •
Tel. 22 89 02 37 60 • www.pegasus
groupgr.com

Quattro   C 3

Empfehlenswert ist die Autovermietung Quattro in Toúrlos, etwas außerhalb. Nehmen Sie ein Wassertaxi für 2 € zum Neuen Hafen, laufen Sie einige Meter und suchen Sie sich ein Auto aus. Die Preise sind ähnlich wie bei den Kollegen, aber der Service von Nikoláos Xydákis ist unbezahlbar.
Toúrlos • Neuer Hafen • Tel. 22 89 02 26 75 • www.quattro-rac.gr

BUSSE
Station Fábrika   ▶ S. 41, b 6

Das Verkehrsnetz auf der Insel ist ausgezeichnet, die Busverbindungen sind zuverlässig und günstig, viele Orte werden mehrmals täglich angefahren. In Mykonos-Stadt gibt es zwei Busstationen. Die Station Fábrika liegt nicht weit vom Zentrum an der Od. Xénias. Von hier verkehren die Busse nach Ornós, Psaroú, Platís Gialós und Ágios Ioánnis, sowie zum Paradise Beach.

Station am Fähranleger   ▶ S. 41, c 2

Die zweite Station befindet sich nicht weit vom Fähranleger. Hier starten die Busse nach Toúrlos und Ágios Stéfanos sowie nach Áno Merá, Eliá und Kalafáti. Die Fahrten kosten maximal 2 €, der genaue Fahrplan hängt an den Busstationen aus.

FAHRRADVERLEIH   C 4

Leihräder gibt es rund 4 km außerhalb des Zentrums von Mykonos-Stadt. Allerdings kann man sich die Räder für einen akzeptablen Unkostenbeitrag auch ins Hotel liefern lassen. Straßenräder kosten 12 € pro Tag, Karbonräder sind teurer.
An der Straße nach Áno Merá •
Tel. 22 89 07 71 55 • www bike
centermykonos.gr

POST   ▶ S. 41, b 5

Das zentrale Postamt liegt nicht am Hafen, sondern in der Nähe der Platía Lákka.
Od. Kinthoú 5 • Tel. 22 89 02 22 38 •
Mo–Fr 7.30–14 Uhr

WASSERTAXIS

Die Badeboote verkehren zwischen den schönsten Stränden der Südküste. Die der Hauptstadt am nächsten gelegenen Anleger befinden sich in Ornós und Platís Gialós, wo die je nach Saison und Nachfrage variierenden Fahrpläne aushängen. Die Preise für eine Hin- und Rückfahrt betragen pro Person 4–6 €.

ZEITUNGEN UND ZEITSCHRIFTEN

Auf der Promenade am Alten Hafen weist schon seit vielen Jahren das Schild »International Press« den Weg zu einem Zeitungsladen, der sich auf die Bedürfnisse morgendlicher Zeitungsleser aus aller Welt eingestellt hat.

Ziele in der Umgebung
◎ Ágios Ioánnis   B 5

Südlich der Chóra führt von der Ortschaft Ornós aus eine Straße zwischen den steinernen Mauern großer Gärten den Berg hinauf und gibt dahinter den Blick frei auf eine idyllische Bucht mit einigen Tavernen, an deren Ende eine Kapelle steht. Vor der **Kapelle Ágios Ioánnis** erstreckt sich ein kleiner Anleger aufs Meer hinaus, an dem hin und wieder ein Fischer- oder ein Ausflugsboot festmacht. Die Kapelle besteht aus zwei nebeneinanderliegenden Kirchenschiffen mit je einer Glocke, deren Stränge zusammengebunden sind, sodass stets beide gleichzeitig läuten. Über dem stillen, weiß getünchten Hof mit seinen Steinbänken zwitschern in einer Tamariske Vögel. An die Kirche schmiegen sich zwei niedrige, mit dicken Kalkschichten verkleidete Häuser mit Türen und Fenstern, von denen allmählich die blaue Farbe abblättert.

Ein steiniger Weg führt hinter der Kirche an großen, von Wind und Wasser abgeschliffenen Felsen entlang zu einem letzten, kaum besuchten Strand: dem **Kápari Beach**. Rechts am Berg leuchten in der Einsamkeit der Landschaft zwischen hohen Kakteen und kleinen Tamarisken, steinernen Treppen und schattigen Terrassen die Fassaden großer Ferienvillen auf.

5 km südwestl. der Chóra

ÜBERNACHTEN
Apollonia Resort

Luxuriös • Etwas oberhalb liegt das überaus komfortable Apollonia Resort mit seinen stilvollen Zimmern, Suiten und dem beleuchteten Pool. Hinzu kommen acht eigenständige Villen. Das zauberhafte Fünf-Sterne-Hotel hinter alten Feldsteinmauern und seinen wie zufällig hingestreuten weißen Würfeln ist eine Oase der Stille über dem Meer.

Tel. 22 89 02 78 90 • www.apollonia-resort.gr • 36 Zimmer • €€€€

Mykonos Grand

Luxusklasse • Ein ebenso großes wie großartiges Hotel in ökologischer Bauweise und perfekter Lage, das dem Status eine Grandhotels gerecht wird. Auf Luxus muss man – trotz alternativer und umweltschonender Techniken – weder in der Zimmerausstattung noch im Umfeld verzichten. Es gibt mehrere, mit Ozongeneratoren ausgestattete Pools, darunter ein 500 m² großes Meerwasserbecken mit Blick auf die Nachbarinsel Delos. Die Hotelküche greift vornehmlich auf einheimische Produkte zurück und besitzt ihren eigenen Kräutergarten.

Tel. 22 89 02 55 55 • www.mykonos grand.gr • 107 Zimmer • €€€€

Hippie-Chic

Schick • Aus der kleinen Zimmervermietung hinter der ehemaligen Hippie-Taverne ist das Hippie-Chic-Hotel geworden. Am Strand vor dem Lokal stehen schwarz bezogene Doppelbetten mit karierten Kopfkissen und Baldachinen, eine junge Frau in Schwarz-Weiß bringt die Getränke ans Bett. Gleich neben dem Hotel-Restaurant hat sich eine Bar mit komfortablen Liegestühlen angesiedelt – für die langen Nächte von Mykonos.

Tel. 22 89 02 29 10 • 23 Zimmer • €€

ESSEN UND TRINKEN
Hippie-Fisch

Feiner Fisch • Schon an der Straße am Berg kündet ein Schild von Hippie-Fisch, einem einst kleinen Fischrestaurant. Die Hippies sind inzwischen weitergezogen, Fisch aber wird noch immer serviert. Die Speisekarte ist interessant, es gibt Fischbällchen in Zitronensoße oder mit

Am Strand des ehemaligen Fischerdörfchens Ornós (▶ S. 60) reiht sich heute Sonnenschirm an Sonnenschirm, vor allem zum Sonnenuntergang ein beliebter Platz.

Minze und Reis gefüllte Zucchiniblüten, Sushi und Sashimi, aber auch Schwertfisch und Steaks.
Tel. 22 89 02 35 47 • www.hippiefisch-mykonos.com • tgl. ab 13 Uhr • €€

◎ Ágios Sóstis   D 2

Ágios Sóstis liegt ganz im Norden der Insel und besteht aus einer Kirche am Meer, einer schattigen Taverne, einigen wenigen Häusern und einem hellen Sandstreifen vor dem Meer, an dessen Ende ein letzter Hippie eine Bambushütte errichtet hat. Etwas zurückgesetzt erinnert die Ruine eines alten Wachtturmes an belebtere Zeiten. Es gibt weder Sonnenschirme noch Blumenrabatten, die Macchia der Berge reicht hier bis ans Meer hinunter.
Der Strand von Ágios Sóstis steht seit 1995 unter dem Schutz der Inselregierung, die hier nicht nur den Bau von Hotels oder Restaurants, sondern auch das Aufstellen von Sonnenschirmen untersagt hat. Selbst an schönen Tagen findet sich hier noch immer ein Platz, um sich auch der letzten Textilien zu entledigen.
9 km nordöstl. der Chóra

ÜBERNACHTEN
Mykonos Thea Beach Resort
Bezahlbarer Luxus • Das versteckte Miniaturdorf mit seinen hübschen Gartenterrassen am Hang und den kleinen Kuben seiner wenigen Häuser ist die letzte Spur menschlicher Besiedlung im wilden Norden der Insel. Die Fenster blicken auf Fels und Meer, ein schmaler Feldweg führt noch einige Meter weiter über einen Hügel ins Niemandsland. Eine wildromantische, aber sehr komfortable Unterkunft mit Pool zu fairem Preis.
Tel. 00 30 69 37 05 78 13 • www.mykonosthea.com • 5 Zimmer, 2 Suiten, 1 Studio • €€€

Star Sea Resort

Exponiert • Auch vom Star Sea Resort hat man einen schönen Blick auf die »Marmor-Inseln« und die Bucht von Pánormos. Die Anlage im Fels hat ihre eigene Bar und ihr eigenes Restaurant, dessen Speisekarte traditionelle Gerichte aus frischen Zutaten verspricht – für den Fall, dass in der Taverne Kikí neben der Kirche die Schlange wieder einmal zu lang ist. Das Hotel verfügt außerdem über eine eigene Auto- und Bootsvermietung sowie einen Shuttleservice für die Flucht vom Ende der Welt.
Tel. 22 89 02 40 32 • www.mykonos-star.com • 21 Zimmer • €€€

ESSEN UND TRINKEN
Kikí

Geheimtipp • Das Restaurant Kikí liegt etwas versteckt hinter der Kirche unter einer grünen Laube über dem blauen Meer. Auf den kleinen Tischen serviert der Wirt mit seiner Familie frischen Fisch und traditionelle Gerichte aus der griechischen Küche. Kein Schild weist auf die Taverne hin, auf keiner der Landkarten und Mykonos-Prospekte ist es vermerkt, doch zu Mittag, wenn das kleine Restaurant öffnet, bilden sich Schlangen vor der kleinen Pforte zur Terrasse, allesamt Gäste, die auf einen Platz im Schatten warten.
€€

◎ Ornós   B 5

Ornós, einst ein kleiner Fischerort, ist heute ein beliebter Badeort mit ein paar Sträßchen und kleinen Hotels rund 3 km südlich der Inselhauptstadt auf einem Sandstreifen, der die Hauptinsel mit einer Halbinsel im Südwesten verbindet. Während auf der nördlichen Seite das Heimsta-

Ein stilvolles Ambiente mit allem Komfort und Meerblick zeichnen die Zimmer und Suiten im Luxushotel Santa Marina Resort (▶ S. 61) in Ornós aus.

dion der mykoniotischen Fußballmannschaft den größten Raum einnimmt, befindet sich auf der gegenüberliegenden Seite ein halbmondförmiger Strand. Nahezu lückenlos reihen sich hier die Schirme und Restaurants auf dem Sandstreifen aneinander. Die vorherrschende Farbe ist Weiß, nur einige strohgedeckte Sonnenschirme und 30 ständig belegte Knautschsessel direkt am Wasser setzen etwas dunklere Farbtupfen. Musik aus den Bars und Tavernen begleitet die Badenden beim Weg ins seichte Wasser.

3 km südlich der Chóra

ÜBERNACHTEN

Santa Marina Resort

Luxus pur • Das Santa Marina Resort liegt etwas abseits wie ein Dorf auf einer Anhöhe über der Bucht. Das Luxusquartier mit Suiten und Villen hat nicht nur eigene Pools, Restaurants und Bars, sondern auch seinen eigenen Tennisplatz, einen eigenen Beautysalon, einen eigenen Jachthafen und einen 150 m langen, hinter dem Hügel gelegenen »Privatstrand«. Eingerichtet sind die weißen Kuben über dem blauen Meer wie Apartments in London oder Paris. Nur der Ausblick aus den Panoramafenstern ist ein anderer.
Tel. 22 89 02 32 20 • www.santa-marina.gr/de • 100 Zimmer • €€€€

Ornós Beach Hotel

Alternativ • Das kleine Hotel gleich unterhalb des komfortablen Santa Marina Resorts ist ein Gegensatz zu dieser luxuriösen Anlage am Berg. Die Nähe zum Strand und die freundliche Leitung haben es zu einer beliebten Adresse gemacht.
Tel. 22 89 02 64 59 • 28 Zimmer • €€

ESSEN UND TRINKEN

Apaggio

Alte Fischerkneipe • Vom östlichen Ende des Strands führt ein Weg zwischen einem der letzten Kartoffeläcker in der Nähe der Hauptstadt und dem Ankerplatz einiger Fischer zum Fischrestaurant Apaggio. Was früher eine kleine Taverne mit einer Handvoll Tischen am Wasser war, ist heute ein Restaurant mit 100 Plätzen. Die Fische aber kommen noch immer von einer Barke namens »Kapitän Stávros« und werden bei der Beliebtheit des Lokals garantiert nicht alt. Ein guter Tipp für alle, die gerne Fisch essen. Die Gerichte werden nach klassischen griechischen Rezepten zubereitet.
Tel. 22 89 02 43 44 • www.apaggio.gr • €€

◎ Pánormos   📖 D 2

Der Strand von Pánormos im Norden von Mykonos liegt am Ende eines lang gestreckten Tals, das vom Staudamm des Maráthi-Sees bis ans Meer reicht. Nur am westlichen Küstenstreifen der engen, weit ins Meer führenden Bucht, wo schon immer Fischer und Bauern wohnten, stehen auf den Terrassen am Berg einige Häuser. Hinter dem langen Sandstreifen beginnt eine steppenartige Landschaft.

Pánormos ist der ideale Ort für Urlauber, die nichts weiter suchen als die Sonne, eine ruhige Bucht mit Badestrand, ein nettes Zimmer und ab und zu ein gutes Essen. Die Landschaft mit den zwischen Zypressen, Palmen, Rosenbüschen, Weinlauben und haushohen Kakteen verteilten Häusern mit ihren kleinen Terrassen über dem Meer erinnert ein wenig an die Toskana. Hinzu kommt eine

Bucht, die blauer ist als die am Paradise Beach. Es gibt keine Jetskier, keine Cocktails am Meer, keine Motorjachten und keine Beach Bars hinter dem Sandstreifen.

Umgeben von all der blühenden Pracht mit Blick auf die Bucht liegt ein Hotel, das zwei Brüder in den 1980er-Jahren mit gerade einmal drei Gästezimmern eröffneten: das Albatros. Mit den Jahren hat sich einiges verändert und man hat sich vergrößert, aber die beiden Brüder haben die Landwirtschaft der Eltern zum Glück nicht aufgegeben, was das Frühstück in Form von Milch, Käse und Joghurt von den eigenen Kühen bereichert.

⭐ MERIAN Tipp

ALBATROS

Eines der ältesten und charmantesten Hotels der Insel liegt inmitten einer blühenden Landschaft über dem Meer und ist besonders bei deutschen Urlaubern beliebt. Die Zutaten im Restaurant und in der Frühstücklounge stammen zum Teil aus der eigenen Landwirtschaft.   ▶ S. 15

Das Glück der Unversehrtheit verdankt der Ort vor allem seiner Entfernung von der Hauptstadt und dem Schutz vor Neubauten durch die Inselregierung, die gerade noch rechtzeitig erkannte, dass Hotels, Restaurants und Sonnenschirme allein die Urlauber nicht glücklich machen und dass einer der wichtigsten Trümpfe im Tourismusgeschäft die kleinen Oasen unberührter Natur sind. Doch die Idylle ist gefährdet. Kürzlich hat der Wirt der einzigen kleinen Taverne am Strand für

Aufregung gesorgt: Er hat, so erzählt man, seine Taverne für viel Geld an einen Investor verpachtet, der eine Beach Bar eröffnen möchte.

8 km nordöstl. der Chóra

ÜBERNACHTEN

Pánormos Village 👫👤

Mit Meerblick • Noch ein Stück weiter oben am Berg und vielleicht sogar mit einem noch etwas schöneren Blick, aber nicht ganz so grün wie in den Häusern darunter, liegen die Ferienwohnungen des Pánormos Village. Eine ebenso wie das Albatros-Hotel auch für Familien mit Kindern geeignete, auf großen Luxus verzichtende Unterkunftsmöglichkeit.

Tel. 22 89 02 51 82 • 60 Zimmer • €€

ESSEN UND TRINKEN

Kalósta

Am Abend • Das Kalósta ist eine Mischung aus Strandrestaurant und Taverne mit einer echten Vorliebe für die griechische Küche und einer ausgeprägten Liebe zu frischem Fisch. Die Sommerabende auf der von Blumen umgebenen Terrasse mit Blick auf den Sonnenuntergang könnten zu einer lasterhaften Urlaubsgewohnheit werden.

Tel. 22 89 07 85 89 • www.kalosta. com • €€

◎ Paradise Beach 6 📖 D 6

Strände, die von den Hippies als Paradies empfunden und von ihnen auch so benannt wurden, gibt es auf vielen Inseln dieser Welt. So auch auf Ko Samui in Thailand, auf Ibiza oder auf der griechischen Insel Thassos. Und jedes Mal geschah an diesen Orten das Gleiche: Wo einst Langhaarige ganze Sommer verbrachten und irritierten Pauschaltouristen der

Ein legendärer Strand: Paradise Beach (▶ MERIAN TopTen, S. 62); doch wo einst die Hippies ihre Zelte aufschlugen, beherrscht heute buntes Partyvolk das Geschehen.

1960er-Jahre in paradiesischer Un-
schuld ihre Allerwertesten zeigten,
herrscht längst wieder eine strenge
Kleiderordnung. Auch auf der Insel
Mykonos ist die Nacktheit nur noch
eine Legende, und wo einst Schwule
und Lesben sich der Freikörperkul-
tur und der Liebe erfreuten, herrscht
heute das Diktat der Modebranche.
Der »Paradies-Strand« im Süden von
Mykonos hat seinen Namen vor allem durch seine Größe und seine
perfekte Form verdient, mit der die
goldene Sandsichel das glitzernde
Türkis des Meeres einfasst. Nähert
man sich dem Strand von der Land-
seite, so genießt man oben am Berg
einen grandiosen Blick über die
Bucht. Im Tal dann entzieht sich das
Paradies jedoch jäh dem Blick, man
steht vor einer geschlossenen Bam-
buswand. Dahinter verbirgt sich eine
Beach Bar mit Minimarkt, Tabak-
shop, Boutique und Lautsprechern,

die selbst Woodstockveteranen in
Bewunderung ausbrechen lassen.
Der Strand ist mit Polstermöbeln
und Schirmen verschiedener Farbschattierungen der einzelnen Bars
und Restaurants dekoriert, von denen hier gleich mehrere den Ton an-
geben. Zusammen mit dem goldenen
Sand und dem blaugrünen Wasser in
der Bucht verkörpert der berühmteste Strand von Mykonos bis heute
den Traum von der Karibik.
Paradise Beach wird während der
Saison mehrmals täglich von den
Bussen der Inselhauptstadt angefahren. Im Sommer, wenn die Tage im
Paradies kein Ende nehmen und die
berühmt-berüchtigten Vollmondpar-
tys gefeiert werden, verkehren sie sogar die Nacht hindurch. Gemäß dem
Motto, das auch an einer der bunten
Wände verewigt ist: »The best of the
day is the night.«
6 km südöst. der Chóra

ÜBERNACHTEN

Hotel Paradise Few

Paradiesblick • Den schönsten Blick aufs Paradies genießt der Urlauber aus der Ferne. In der Regel sind hier oben, wo das vergleichsweise kleine Hotel errichtet wurde und wo noch ein paar Ziegen grasen, nicht einmal die Bass-Drums zu hören. Schöne Apartments und ein hübscher Garten machen diesen Ort zu einer Oase der Ruhe. Insbesondere aber die biologische Küche des Hotelrestaurants unterscheidet das sympathische Hotel am Berg von allen darunterliegenden.

Tel. 22 89 02 66 36 • www.paradise view.gr • 17 Zimmer • €€€

Tropicana

Luxus und Strandpartys • Dem Resort gegenüber liegt das etwas luxuriösere Tropicana mit Pool und Spa-Bereich sowie Apartments und Ferienhäusern. Von den meisten der Zimmer hat man einen ungestörten Blick auf die berühmteste Traumbucht der Insel. Im Tropicana Club steigen in den Sommermonaten legendäre Partys.

Tel. 22 89 07 87 46 • tropicanahotel. cosmores.com • 62 Zimmer • €€€

Paradise Resort

Alles in einem • In diesem weltberühmten Resort gibt es so ziemlich alles: einen Campingplatz, Beach Cabins, Bungalows, einfache Zimmer und luxuriöse Apartments. Des Weiteren Boutiquen mit Bademode für den Tag sowie mit Party-Outfit für die Nacht, Surfbretter, Bars, Restaurants, einen Supermarkt und ein Tauchcenter. Im Grunde braucht man dieses Resort nie wieder zu verlassen, und auf den sonst üblich weißen Wänden der mykoniotischen Häuser prangen bunte Bilder, die die Urlauber mit den Worten begrüßen: »Welcome to Paradise life«.

Tel. 22 89 02 28 52 • www.paradise mykonos.com • 180 Zimmer • €€

ESSEN UND TRINKEN

Indian Palace

Exotisch • Das indische Restaurant unterscheidet sich von den griechischen nicht nur durch die Speisekarte, auf der Souvlaki und Gyros fehlen, sondern auch durch seine Bauweise: Die Wände bestehen aus unverputzten Natursteinen.

Tel. 22 89 07 80 44 • www.indian palace.gr • €€€

AM ABEND

An Ausgehmöglichkeiten fehlt es an dem berühmtesten aller Mykonos-Strände sicherlich nicht. Sowohl der Paradise Club als auch der Tropicana Club haben ihre Plakate mit den Ankündigungen ihrer berühmten DJs und nächtlichen Events auf der ganzen Insel geklebt. Der Eintritt zu den legendären Partys ist ebenso aufregend wie die nicht immer jugendfreien Improvisationen der Gäste auf dem Dancefloor oder der Barkeeper auf dem Tresen.

Hinweise über die aktuellen Events unter www.tropicanamykonos.com und www.paradiseclubmykonos.com.

◎ Paránga　　　📖 C 6

Paránga ist nur eine Bucht von Platís Gialós an der Südküste entfernt. Doch dieser Ort muss – so wie alles Schöne – erst erobert werden. Ein Bus zwischen der Hauptstadt und Paránga verkehrt nicht, und wer mit dem Auto fährt, muss die richtige Straße finden. Am einfachsten ist es, zum Flughafen zu fahren und etwa 500 m hinter dem Terminal nach rechts in Richtung Paránga abzubiegen.

Wer keinen Mietwagen hat, nimmt den Bus nach Platís Gialós, läuft den Strand und den Uferweg entlang und klettert über drei Felsen, so wie einst die Hippies, die in der Bucht baden wollten. Nach einer Viertelstunde erreicht man einen kleinen Strand, der noch ganz ohne Sonnenschirme auskommt, und eine Taverne, die sich schon seit 1963 hier befindet.

Vor der Taverne zweigt ein Weg links ab auf eine kleine Anhöhe, bricht durch eine winzige Schlucht zwischen zwei Felsen und führt am Ende durch einen kleinen Gang aus Bambus zur mit Abstand geschmackvollsten Beach Bar der Insel. Die Kalua Bar vor einem der schönsten Strände der Insel ist eines jener Wochenendziele, das nicht nur Athener, sondern Jetsetter aus aller Welt anfliegen.

6 km südöstl. der Chóra

ÜBERNACHTEN
San Giorgio Mykonos

Hotel der Extraklasse • Ein geschmackvoll von zwei Berlinern gestaltetes Hotel der Luxusklasse auf einem Vorsprung zwischen Paradise Beach und Paránga. Das San Giorgio ist eigentlich schon ein Dorf für sich, bestehend aus einem locker arrangierten Ensemble aus verschiedenen Häusern mit einer eigenen Kapelle am Eingang, Feldern im Hintergrund, und natürlich Terrassen über dem Meer mit Hängematten zwischen Palmen. Ein Ort, an dem man vielleicht auch ein Leben lang bleiben und schaukeln könnte.
Tel. 22 89 02 74 74 • www.san giorgio-mykonos.com • 60 Zimmer • €€€€

Paranga Beach Hostel

Mehr als ein Hostel • Was sich hier bescheiden als Hostel bezeichnet, hat einen Poolbereich, Liegen und Sonnenschirme wie die anderen Beach Bars auch. Ebenso ein Restaurant, einen Minimarkt und vor allem: Partys. Statt Schlafräumen im Jugendherbergsstil gibt es Gästezimmer und Bungalows, aber die Stimmung ist hier im Sommer noch etwas ausgelassener als in den anderen Etablissements der Badebucht.
Tel. 22 89 02 59 15 • www.mycamp.gr • 40 Bungalows • €€€

ESSEN UND TRINKEN
Kalua Bar Restaurant

Zwischen den Felsen • Ein außergewöhnliches Lokal an einem außergewöhnlichen Ort. Umgeben von Holzpfählen, so wie einst die Behausung Robinson Crusoes, verbirgt sich hinter den Barrikaden eine riesige, offene Beach Bar mit vielen Sitzecken, einem zentralen Tresen und Flaschen aller Farbschattierungen vor dem leuchtenden Türkis der Bucht. Neben den Liegen am Meer stehen die Drinks, die Stimmung unter den Schirmen ist angeregt. Chillen und faul in der Sonne liegen kann man ein paar Meter weiter, wo das Gestade noch so unberührt ist wie einst bei Robinson. Ein »Hotspot«, der von jenen, die es sich leisten können, auch gern einmal für ein Wochenende angesteuert wird.

Es gibt Sandwiches und kleine Gerichte zum Stillen des Hungers, Spaghetti mit Hummer oder Kingprawns aus Thailand, vor allem aber eine fantastische Auswahl an Weinen und alkoholischen Mixgetränken.
Tel. 22 89 02 23 97 • www.kalua.gr • €€€

Nikos Taverne 🍴👤

Klassische griechische Taverne • Sie ist die älteste Taverne an den Stränden zwischen Platís Gialós und Paránga. Von den hölzernen Tischen sind es nur ein paar Meter zum kleinen Strand, an dem nur ein Fischerboot liegt. Es gibt nur wenige Orte auf der Insel, an denen passionierte Griechenlandurlauber sich so wohlfühlen wie in dieser Fisch-Taverne. Schon 1963 erkannte der Fischer, dass der fruchtlose Sand am Strand Gold wert war, und begann damit, seinen Fisch zu braten und an Touristen zu verkaufen. Bis heute gibt es hier ausschließlich traditionelle griechische Küche mit gefüllten Weinblättern, »taramás«, »tsatsíki«, »moussaká« und köstliche Lammkeulen aus dem Backofen.

Zwischen Platís Gialós und Paránga • Tel. 22 89 02 34 66 • €€

◎ Platís Gialós   📕 C 5

Einst waren Agía Ánna und Platís Gialós zwei Orte an einer Bucht im Süden, hinter denen sich Felder und landwirtschaftliche Gebäude befanden. Irgendwann haben sich die Bauernhäuser zuerst in kleine Pensionen und später in große Hotels verwandelt. Heute ist aus den beiden Dörfern eines geworden, die türkisfarbene Bucht wird von einem Band weiß getünchter Ferienunterkünfte gesäumt. Doch noch immer ist das kleine Agía Ánna im Osten etwas ruhiger, und während der Strand von Platís Gialós dicht mit Sonnenschirmen bestellt ist, so sieht man am östlichen Ende noch reinen, unverstellten Sand.

Im Gegensatz zu den berühmten Stränden des Südens ist Platís Gialós mehr als nur ein Sandstreifen, an dem sich ein paar Pensionen und

Zwischen den beliebten Stränden an der Südküste von Mykonos verkehren regelmäßig Badeboote (▶ S. 57), die auch von Platís Gialós (▶ S. 66) starten.

Tavernen angesiedelt haben. Längst ist Platís Gialós – einst ein Geheimtipp der Schönen und Reichen – eine komplette Ortschaft mit Geschäften, Supermarkt, Autovermietung und einer Bushaltestelle geworden, die den Ort mehrmals am Tag mit der Hauptstadt verbindet. Mit seinen Hotels, Restaurants und vielen Einkaufsmöglichkeiten ist Platís Gialós ebenso ein beliebtes Feriendomizil für Pauschalreisende wie ein Ausflugsziel für Urlauber in der Inselhauptstadt geworden. Von Platís Gialós verkehren Badeboote für kleines Geld zu verschiedenen Stränden im Süden von Mykonos.

4 km südöstl. der Chóra

ÜBERNACHTEN

Hotel Kamari

Ruhige Lage • Das komfortable Hotel liegt im Westen der Bucht an der Straße und ist 200 m vom Strandgeschehen entfernt. An der Rezeption spricht man vornehmes Englisch, auch die Ausstattung der 64 Zimmer, die sich auf mehrere Gebäude verteilen, entspricht dem korrekten englischen Geschmack.

Tel. 22 89 02 34 24 • www.kamari-hotel.gr • 64 Zimmer • €€€

Lady Anna

Gleich am Strand • Wer länger als nur einen Tag in Platís Gialós bleiben möchte, dem sei das ruhige Hotel Lady Anna am östlichen Strandende empfohlen. Die Gebäude sind schlicht und ohne große architektonische Schnörkel gehalten, die Zimmer klein, aber fein. Die Fenster der kleinen Häuser haben hellblaue Fensterläden, der Meerwasserpool ist tiefblau, und zwischen dem Bett und dem türkisfabenen Meer liegen nur noch ein kleiner Garten und der Sandstreifen.

Tel. 22 89 02 21 34 • www.ladyanna.gr • 22 Zimmer • €€€

Hotel Petinos

In der Strandmitte • Das Petinos liegt im Niemandsland zwischen Agía Ánna und Platís Gialós und verfügt über sympathische Zimmer mit Klappläden vor den Fenstern, einer gemütlichen Lobby und Ausstattung. Da es nicht unmittelbar am Strand liegt, gibt es hier mitunter günstige Angebote.

Tel. 22 89 02 43 10 • www.petinoshotel.gr • 72 Zimmer • €€

ESSEN UND TRINKEN

Blue Myth Restaurant 👫👤

Ferienstimmung • Das Restaurant gleich an der Straße bei der Busstation von Platís Gialós ist vor allem bei Familien mit Kindern beliebt, denn es gibt Pizza auch zum Mitnehmen aufs Hotelzimmer oder an den nahen Strand. Sonst aber ist das Restaurant, in dem an manchen Abenden griechische Tanzmusik gespielt und sogar getanzt wird, eher griechisch als italienisch.

Tel. 22 89 02 21 27 • €€

Bonatsa

Geschützt vor dem Wind • Ein garantiert windgeschütztes Lokal im ruhigen Agía Ánna – denn zwischen der See und dem Speisesaal befindet sich bei Sturm eine Wand aus Glas. Im Restaurant Bonatsa werden Sushi-Variationen auf den Tisch gebracht und ein Menü, das die traditionelle griechische Küche mit der Nouvelle Cuisine verbinden möchte. Das Ambiente ist gepflegt, auch die Gäste des Lokals halten etwas auf

sich, weshalb das Lokal in dem Ruf steht, eines der Besseren auf der Insel zu sein. Bei gutem Wetter werden die Scheiben beiseite geschoben und die Drinks bis an die Liegen gebracht.
Tel. 22 89 02 80 48 • www.bonatsa-mykonos.gr/en • €€

◎ Super Paradise 📖 D 5

Die beiden Strände von Paradise und Super Paradise im Süden unterscheiden sich nur durch ihre Größe und durch ihren Ruf. Während der große Paradise Beach schon in den 1960er-Jahren bekannt wurde und heute als Reiseziel in allen internationalen Katalogen platziert ist, war der kleinere Bruder vor wenigen Jahren noch eine echte Alternative für all jene, die mit Massentourismus nichts zu tun haben wollten. Noch heute genießt Super Paradise in der Gay-Szene den Ruf, einer jener Orte zu sein, an denen man unter sich ist.

Dazu beigetragen haben seine relative Abgeschiedenheit und die kleine Straße, die sich auf ihren letzten Metern vor dem Meer so wagemutig dem Meer entgegenwindet, dass viele der Anreisenden Pkws und Motorroller vorsichtshalber weiter oben abstellen. Am Ende der steilen Abfahrt mit einer Steigung von 20 % haben die Griechen wie am Rande einer Grand-Prix-Strecke Reifenstapel oder Telegrafenmasten und Häuserecken aufgebaut, um mögliche Aufpralle abzudämpfen.

Doch vom Mythos ist wenig übrig geblieben. Auch im Super-Paradies sind die Sommergäste in den letzten Jahren mehr geworden, keine Ecke des Strandes ist unentdeckt geblieben, und die Homosexuellen sind längst wieder in der Minderheit.

8 km südöstl. der Chóra

ÜBERNACHTEN
Nama Villas

Luxuriös und teuer • Eine echte Alternative zu den strandnahen Unterkünften der Partygänger bieten die acht Apartments und drei Villen, die etwa 1 km vom Meer entfernt in den Bergen liegen. Die Zimmer sind mit allem Komfort ausgestattet, und selbstverständlich gibt es einen hoteleigenen Pool für jene, die nicht erst 1000 m zum Strand laufen möchten, nur um sich kurz abzukühlen.
Tel. 00 30 69 44 52 45 82 • www.namavillasmykonos.com • 11 Zimmer • €€€

Super Paradise Rooms

Im typischen Inselstil • Diese klassische Hotelanlage mit ihren hellblauen Balkongeländern, den hellblauen Stühlen und Fensterläden liegt etwas oberhalb des begehrten Strandes und besteht aus mehreren kleinen Häusern mit hübschen Zimmern verschiedenster Größen und auch Preisklassen.
Tel. 00 30 69 44 45 38 02 • super paradise.cosmores.com • 17 Zimmer • €€

ESSEN UND TRINKEN
Jacky O

Auf Terrassen am Meer • Am westlichen Ende der Badebucht erinnert Jacky O an die berühmte amerikanische Ehefrau des griechischen Reeders Aristoteles Onassis, die über viele Jahre hinweg die Klatschseiten der Boulevardpresse füllte und mit ihrer Jacht natürlich auch die Urlaubsinsel Mykonos ansteuerte. Das Etablissement von Jacky O ist eine kleine, terrassenartige Festung auf den romantischen Felsen am Ende der legendären Bucht.

Der Super Paradise Beach (▶ S. 68) zählt zu den berühmtesten Stränden der Insel und ist in den Sommermonaten als Touristenmagnet bekannt.

Auf der obersten Stufe der Terrasse wird gekocht und gegessen, die Speisekarte verspricht eine Mischung aus traditionell griechischer und internationaler Küche, und die Gäste sind in der Regel begeistert.
Tel. 22 89 07 71 68 • www.jackieo beach.com/the-beach • €€€

Pinky Beach

Restaurant am Strand • Viel Auswahl gibt es im Superparadies vor allem an Cocktails. Sonst ist das kulinarische Angebot relativ begrenzt, auch wenn die schönen Speisekarten gern von internationaler und mediterraner Küche schwärmen. Im Pinky Beach Restaurant gibt es statt des angekündigten Rosa immerhin weiße Tische und Stühle, auf denen der gegrillte Fisch und das Glas Rotwein schon einmal sehr malerisch aussehen. Passend zur Dekoration finden sich hier mitunter sogar kleine Tischgesellschaften weltgewandter Griechen ein, bei denen die Herren weiße Hüte mit schwarzen Bändern und die Damen weiße Kleider mit schwarzen Strümpfen tragen.
Tel. 22 89 02 64 59 • €€€

Áno Merá und der Osten

Im ländlichen Osten hat das einfache, ursprüngliche Insel-
leben bis in unsere Tage überdauert. Auf schöne Strände und
touristische Infrastruktur muss man trotzdem nicht verzichten.

◄ Oberhalb des Klosters liegt diese schmucke Kirche von Áno Merá (► S. 71)

Áno Merá und der Osten

Die Chóra und der Westen

Während der Westen der Insel vom Tourismus geprägt und jeder Bergrücken und jedes noch so abgelegene Tal bewohnt ist und an den Straßen Ferienhäuser und Villen stehen, eröffnet sich im Osten mitunter noch ein weites Land. Die kleinen schmalen und von Schlaglöchern übersäten Asphaltstraßen führen zwischen Feldern und alten Bauernhäusern zu den Stränden im Nordosten und Südosten, an denen noch keine großen Lautsprecherboxen und Sofas stehen. Zwar gibt es auch hier schon Strandbars und komfortable Luxushotels in einer noch unberührten Landschaft, doch es finden sich noch viele hübsche und kleinere Unterkünfte, in denen auch Familien mit Kindern ruhige Ferienwochen am Meer verbringen können.

Áno Merá   📖 E 4
800 Einwohner

Áno Merá ist das zentrale Dorf der Insel. Es liegt auf einem lang gestreckten Bergrücken, der den Norden vom Süden trennt. Áno Merá besitzt alles, was ein griechisches Dorf zum Leben braucht, und das direkt an der Straße: eine Bank, eine Kirche, ein Kafeníon, eine Apotheke, Tabakläden, den Bäcker, den Metzger und einen Supermarkt. Nicht zuletzt eine Reihe von Cafés und Restaurants, die um einen Dorfplatz in der Nähe des Klosters der Panagía Tourlianí zusammengefunden haben.

Áno Merá ist mittlerweile eine der wichtigsten Stationen für die Kreuzfahrttouristen geworden, die einen Tag lang von ihren schwimmenden Dörfern heruntersteigen, um auf einer Inselrundfahrt im Pullmann einen Blick auf die Insel zu werfen. Der Besuch des **Klosters Tourlianí** ⭐ gehört dabei zum Pflichtprogramm. Später am Abend aber gehört Áno Merá dann wieder ganz seinen rund 800 Dorfbewohnern.

Dabei könnten Touristen in und um Áno Merá einiges entdecken. Mykonos kann nirgends mit spektakulären Bauten oder imposanten Landschaften aufwarten, hält aber immer wieder kleine Überraschungen bereit. Ein Spaziergang durch die Straßen und Feldwege zu den Bauernhäusern und Gärten gleicht einem Spaziergang in die Vergangenheit. Zwischen kleinen Kartoffeläckern liegen unter süß duftenden Feigenbäumen alte Zisternen, kleine Steinmauern umfassen einen Dreschplatz, aus dem der Meltemi einst die Spreu wehte. In die alten Taubenschläge sind Eulen einzogen, und in den kleinen Häusern, in denen einst Menschen wohnten, stehen Schafe und Rinder. Das Getriebe eines Windrades und die rostigen Schaufeln, mit denen das Wasser aus dem Brunnen in die steinernen Gräben geschaufelt wurde, zeugen von den Mühen landwirtschaftlicher Aktivitäten auf den Kykladen. Vieles, das andernorts längst in Museen verstaubt ist, ist in Áno Merá noch an Ort und Stelle, und manchmal sogar noch in Betrieb.

Groß und Klein, Alt und Jung versammeln sich sonntags zur heiligen Messe in der Panagía Tourlianí (MERIAN TopTen ▶ S. 72), dem Mittelpunkt des Dorfes Áno Merá.

SEHENSWERTES

⭐ Kloster Panagía Tourlianí 👭👫

Es ist vor allem das große Kloster aus dem Jahr 1542, das die Touristen nach Áno Merá bringt. Führungen durch das Kloster sind ein fester Programmpunkt auf den Inselrundtouren. Doch das alte Kloster ist mehr als nur ein verstaubtes Museum, es ist der lebendige Mittelpunkt des Ortes. Kinder halten vor der schweren Tür die Hand auf, gegenüber der Tür zum Gotteshaus befinden sich die Tür zum Kafeníon und der Dorfplatz. Sonntags trägt ein Lautspre-cher die liturgischen Gesänge über die Klostermauern hinaus, sodass niemand behaupten kann, er hätte die Glocken nicht gehört. Noch heute versammelt sich eine große Gemeinde in der Kirche zum Gottesdienst, junge Frauen in Stöckelschuhen ebenso wie alte Griechinnen in schwarzen Kopftüchern, die auf allen Vieren zum Altar kriechen und den heiligen Boden zu Füßen des Abtes küssen. Alte Männer werfen mit zitternder Hand drei Zehn-Cent-Stücke in die Spendenkiste, um eine Kerze anzuzünden, während reich gewordene Bauern in karierten Jacketts gleich vier Lichter auf einmal nehmen und einen Schein in den Schlitz stecken. Selbst junge Männer in T-Shirts vom sündigen Paradiso-Club beten in Áno Merá um Vergebung und treten geneigten Hauptes ins Gotteshaus, um das Heilige Buch zu küssen.

Von außen ähnelt auch dieses Kloster einer Festung. Über der eisenbeschlagenen Tür befindet sich eine Pechnase, die Wände sind dick und hoch, und die wenigen Fenster, durch die die Mönche einen Blick in die Welt werfen konnten, liegen in unerreichbarer Höhe. Jahrhundertelang boten diese Klöster den Gemeinden Schutz vor Piraten, die Mykonos immer wieder überfielen und plünderten.

Im **Inneren der Kirche** zeugen die aufwendig geschnitzten Kanzeln mit ihren verschnörkelten Bemalungen und alten Goldanstrichen von der Gottesfurcht der Insulaner und dem hohen Alter des Klosters. Sowohl die Kanzeln und die Betstühle als auch die große, holzgeschnitzte Ikonostase wurden schon 1767 von Ignatius Bassoulas aus Florenz eingeschifft, der sich in den Kopf gesetzt hatte, auf den Grundmauern eines Eremitenklosters aus dem 13. Jh. ein stattliches Kloster zu errichten. Dazu reiste er sogar bis nach Russland, um Geld zu sammeln, und bis in die italienische Kunstmetropole, um den Bau der Innenausstattung in Auftrag zu geben.

Das größte Heiligtum des Klosters ist die **Ikone der Heiligen Jungfrau von Toúrlos**, die in der Fastenzeit vor Ostern in einer langen Prozession bis in die Chóra getragen wird. Das Schmuckstück ist ganz aus Holz und mit einem Mantel aus Silber verziert, ihr Gesicht ist vom hohen Alter inzwischen schwarz geworden. Das Kunstwerk soll eine Arbeit des Apostels Lukas persönlich und etwa 2000 Jahre alt sein. Es wurde bei der Ortschaft Toúrlos entdeckt und gab dem Kloster seinen Namen.

Nach 500 Jahren ständiger Furcht vor Fremden hat der Abt Filarétos, der heute im Kloster wohnt, das Gotteshaus für Besucher aus aller Welt geöffnet und sogar ein **Museum** zwischen den alten Klostermauern eingerichtet. Am Eingang zum Kloster gibt es eine kleine Informationsbroschüre zur Geschichte der Klosteranlage in englischer Sprache. Platía • Tel. 22 89 07 12 49 • tgl. 9–13, 18–21 Uhr • Eintritt 1 €

SPAZIERGANG RUND UM ÁNO MERÁ ▥ E 3/4

Vom Kloster Áno Merá in Richtung Chora fahrend, steht am Ortsausgang ein Schild, das rechts den Berg hinauf nach Paleókastro, zum alten Kastell, weist. Nach einem kurzen, steilen Anstieg erreicht man eine gut erhaltene **Mühle**. Die Mühle steht auf einem steinernen Podest, das erneuert wurde, als die Windmühlen

⭐ **6** | **MERIAN Tipp**

NONNENKLOSTER VON PALEÓKASTRO

Etwas abseits vom Geschehen liegt das Nonnenkloster von Paleókastro. Das Frauenkloster, das teilweise noch aus dem 13. Jh. stammt, wird von einer einzigen Nonne bewohnt, die seit vielen Jahren damit beschäftigt ist, den Klosterhof zu bemalen. ▶ S. 16

in der Chóra immer mehr Touristen anzogen. In Áno Merá schaut dennoch selten jemand vorbei. Vom **Platz der Windmühle** aus hat man einen schönen Blick über das Dorf und die ausgedehnten Felder der Hügellandschaft, auf deren Höhen weitere Mühlen stehen.

Inmitten der in der Ebene verstreuten Häuser liegen die Schule, zwei alte Herrenhäuser, der Friedhof mit seinen hohen Bäumen sowie das vierstöckige, allen Gesetzen der mykoniotischen Architektur trotzende Hotel aus den Zeiten des Diktators Papadópoulos. Auf der anderen Seite der Mühle erstreckt sich die große Bucht von Pánormos mit dem Strand von Fteliá.

Etwas weiter den Weg hinauf tauchen die Mauern des **Nonnenklosters von Paleókastro** (▸ MERIAN Tipp, S. 16) auf. Obwohl das Dorf greifbar nahe ist, herrscht wunderbare Ruhe über den akkurata angelegten Getreideterrassen. Ein stiller, kleiner Vorplatz, flankiert von zwei Bäumen vor dem Eingang, eine rote, niedrige Holztür, vier weiße, im Halbkreis angelegte Steinstufen, daneben lehnt an der weißen Wand ein grüner Plastikbesen. Über der Tür verkündet eine Marmortafel, deren Inschrift von den vielen Jahren und vom vielen Regen schon etwas verwittert ist, das vermeintliche Jahr der Klostergründung: 1787. »Das ist falsch!«, sagt eine kleine, flinke Frau, die plötzlich aus dem Nichts aufzutauchen scheint und mit ihrem grünen Besen den Staub wegkehrt, den der Wind vor ihrer Haustür hinterlassen hat. »Unser Kloster stammt eigentlich aus dem Jahr 1578. Und einiges hier ist noch viel älter – aus dem 13. Jh. mindestens. Und da hin-

ten, der riesige Monolith bei der Kapelle, der ist noch viel, viel älter.«

Die Nonne ist die letzte Bewohnerin des Klosters. In den 1960er-Jahren waren es noch ganze 17 Gottesdienerinnen. Jede von ihnen hatte eine kleine Kammer mit einem Fenster zum Hof. Dieser Hof ist ein kleines Paradies, in dessen Mitte eine Yuccapalme steht. Ein Eukalyptus ragt bis über das Dach hinaus, ein Rosenbusch blüht, überall hat die Nonne Blumentöpfe zu leuchtenden Inseln zusammengestellt.

Vor sieben Jahren ist sie gekommen, um die letzte noch verbliebene Nonne für einige Tage zu vertreten. Seitdem ist sie hier und bemalt die Wände, die Steine und die Stufen des Klosters mit kleinen, pastellfarbenen Ornamenten. Sie färbt die vielen, nach und nach wieder abblätternden Kalkschichten mit dezenten, wie von Gott und den Witterungen der Insel geschaffenen Farbtönen. Gleich am ersten Tag hat sie damit begonnen, diesem Kloster neues Leben einzuhauchen, indem sie mit dem Hammer den kleinen Platz vor der Kapelle von der Kalkschicht befreite, unter der die alten Marmorplatten des Hofpflasters lagen. Tag für Tag arbeitet sie in dem großen Haus, bessert den Putz aus, streicht Fensterläden, pflanzt Bäume und Blumen, und manchmal, am späten Nachmittag, wenn jemand mit dem Riegel an die Holztür klopft, und wenn sie nicht gerade die Hände voller Farbe hat, öffnet sie und lässt die Besucher einen kurzen Blick in ihre wunderbare Welt werfen.

Wieder zurück in der Wirklichkeit der Dorfstraße geht es noch ein paar Schritte weiter den Berg hinauf bis zu den letzten Überrestes des vene-

Nur noch eine einzige Nonne kümmert sich heute um das Kloster Paleókastro (▸ MERIAN Tipp, S. 16, S. 74), in dessen Kirche stets andächtige Stille herrscht.

zianischen Kastells, der **Ghisi-Festung** aus dem 13. Jh., das früher auf der höchsten Bergkuppe lag und einen Blick sowohl aufs Meer als auch über das Land erlaubte. Archäologen haben in der Gegend um Áno Merá Spuren von Siedlungen aus dem 10. Jh. v. Chr. gefunden.

Auch unterhalb des Kastells befinden sich einige **Ruinen**, zwischen denen große Feigenkakteen wuchern, deren dicke, graue Stämme an die Füße von Sauriern erinnern. Nur wenige Schritte weiter steht an einer Wegkreuzung eine kleine Kapelle. Etwas weiter Richtung Osten eröffnet sich ein schöner Blick auf die Kapelle, die Ruine und das Kloster.

Auf dem **Weg in Richtung Norden** können Sie hoch über der Bucht von Pánormos eine ganze Weile dem offenen Meer entgegenlaufen. Der Weg führt an in steilen Terrassen angelegten Gärten vorüber, mit Maulbeer- und Feigenbäumen, frisch gepflügter Erde auf kleinen Äckern, akkurat gezogenen Reihen mit Kartoffeln, Tomaten und Salaten. Schafe grasen an den Hängen, Pferde strecken neugierig ihre Köpfe über die Mauern, alte Häuser blicken auf die Bucht.

Auf dem Weg zurück können Sie noch einen Blick in die **Käserei von Theodóros Koúkas** werfen, die gegenüber dem Kloster liegt. Hier wird die Milch von etwa 100 eigenen Kühen, die auf den Weiden rings um Áno Merá stehen, zu drei verschiedenen Sorten traditionellen Käses verarbeitet. Wenn in der kleinen Käserei nicht zu viel zu tun ist, werden die Käse und Joghurts gerne auch gleich im Hof verkauft.

Zurück im Dorf warten am großen Platz vor dem Kloster die Wirte aller Lokale schon sehnsüchtig auf durstige und hungrige Wanderer.

Dauer: 3 Stunden

MERIAN Tipp

FISHERMAN

Das Restaurant von Giórgos und Marína in Áno Merá liegt unter einem angeblich 214 Jahre alten Eukalyptusbaum. Und weil die Griechen von dem Alter Respekt haben, hat man das Lokal eben um den Baum herumgebaut. In der Küche wird ausnahmslos griechisch gekocht, aber in vielen verschiedenen Variationen.   ▶ S. 16

ÜBERNACHTEN

Anatolia Hotel 👫

Luxus am Ortsrand • Das unerwartet luxuriöse Hotel befindet sich an der Straße, die vom Kloster im Zentrum Richtung Süden führt, gleich nach der ersten Kurve auf der linken Seite. Zur Ausstattung des Hotels gehören der vermutlich einzige Pool im Ort, außerdem ein Whirlpool und eine Sauna für jene, denen es noch nicht heiß genug ist. Es gibt kostenlosen WLAN-Zugang, einen Concierge-Service und – bei Bedarf – sogar Kinderbetreuung, was auf Mykonos eher eine Seltenheit ist. Und wer im Ort bei den Wirten die Speisekarten alle schon durchprobiert hat, der kann im hoteleigenen Restaurant essen.
Tel. 22 89 07 19 06 • www.hotel anatolia.gr • 29 Zimmer • €€€

Méres

Unter der Windmühle • Früher existierte im Ort ein unter der Militärdiktatur errichtetes gleichnamiges Stadthotel mit vier Stockwerken. Es ist seit Jahren geschlossen und bröckelt vor sich hin. Dafür gibt es jetzt eine kleine Pension namens Méres, was übersetzt »Tage« bedeutet. Deshalb heißen die Apartments am Eingang des Dorfes, nicht weit unter einer der Windmühlen, auch »Montag«, »Dienstag« usw. Die kleinen Wohnungen mit Küche und Kühlschrank sind mit allem Notwendigen ausgestattet, haben kleine Terrassen und blicken im Süden über die Terrassenfelder mit ihren Steinmauern hinweg aufs Meer.
Áno Merá, Paleókastro • Tel. 22 89 02 34 47 • 7 Apartments • €€

ESSEN UND TRINKEN

Hemboúrgo

Imbiss und Restaurant • So nennt sich ein Lokal, das »Coffeeshop & Grill tavern« zugleich sein möchte. Die Taverne mit ihren hellblauen Tischen und Stühlen verkauft als Einzige am Platz eine Pita, also den typischen griechischen Teigfladen, mit Gyros für 2 € und mit Kebab für 3 €. Auch Kopanistí, der derbe, salzige Käse der Insel, steht auf der Karte, ebenso wie die Klassiker »moussaká« und »pastítio«, der gegrillte Oktopus und natürlich »souvláki«.
An der Platía • Tel. 22 89 07 11 44 • €€

Óti Apómine

Fleisch vom Grill • Die Idee zu dem Namen des Lokals dürfte von einem hungrigen Gast stammen, der hereinkam und sagte: »Tha faó, óti apómine« – Ich esse, was noch übrig ist! Übrig bleibt hier selten etwas, zumindest nicht von dem Fleisch, das auf den Rost gelegt oder auf den Spieß gesteckt wird. Etwas »tsatsíki« dazu, das mit Dill und Karotten verfeinert wird, ein gutes Brot – so wird jeder satt. Das Lokal, das ausnahmsweise nicht am großen Platz mit den spielenden Kindern, sondern zwi-

schen dem Kloster und der Hauptstraße liegt, wird von Griechen ebenso wie von Touristen gern besucht.
Zwischen Kloster und Hauptstraße • Tel. 22 89 07 15 34 • www.oti apomeine.gr • €€

To Stéki tou Proédrou

Raki zum Nachtisch • Kóstas, der die Winter am Rhein und die Sommer auf der Insel verbringt, ist ein charmanter Plauderer und guter Erzähler. Er kann nicht nur die Lammkoteletts oder die gefüllten Weinblätter des Lokals empfehlen, sondern auch über Korruption, die neue griechische Regierung oder den Bürgermeister des Dorfes philosophieren, nach dem das Lokal benannt ist: die »Kneipe des Bürgermeisters«. Und die ist nicht ohne Grund im Sommer immer recht gut besucht. Für Stammgäste gibt es zur Rechnung immer noch einen süßen Nachtisch und manchmal sogar einen kretischen Raki dazu.
An der Platía • Tel. 22 89 07 19 35 • www.steki-proedrou.com • €€

Vangélis

Das größte Angebot • Das Angebot der Taverne am Platz lässt manches Lokal in der Hauptstadt wie eine Imbissbude erscheinen. In der gläsernen Vitrine stehen die griechischen Köstlichkeiten in langer Reihe nebeneinander: mit Schafskäse gefüllte Paprika, Artischocken, Auberginen, mit Roquefort gefüllte Pilze, frische gekochte Wildkräuter und vieles mehr. Auf dem Holzkohlegrill hätte ein ganzes Schwein Platz. Alles bei Vangélis wird so gut zubereitet, dass sogar die Griechen vom Meer hierher zum Essen kommen.
An der Platía • Tel. 22 89 07 15 77 • €€

Mit seinem Swimmingpool zählt das Anatolia Hotel (▶ S. 76) zu den stilvollsten und luxuriösesten Unterkünften in Áno Merá.

EINKAUFEN
Dorfkäserei

Es gibt ganz hervorragende Käsespezialitäten in Griechenland, von denen die berühmtesten Féta und Manoúri heißen. Weniger bekannt sind griechische Frischkäse wie etwa Mithíthra, das griechische Pendant zum italienischen Ricotta. Bei Theodóros Koúkas, gleich gegenüber dem Nonnenkloster, befindet sich die Käserei des Dorfes. Koúkas verarbeitet hier die Milch von etwa 100 eigenen Kühen zu traditionellen mykoniotischen Käsesorten: zum Xinótiro etwa, einem noch leicht säuerlichen, 18 Monate gereiften Käse in kleinen Laiben zu etwa 500 Gramm; zu einer Art Frischkäse, der dem deutschen Quark nicht unähnlich ist; und natürlich zu dem nach traditionellem Rezept hergestellten Kopanistí, der von Áno Merá aus immerhin schon die Hauptstadt Athen erobert hat. Darüber hinaus produziert die kleine Käserei auch einen eigenen Joghurt, der hier frisch am Hof in kleinen Bechern verkauft wird.
Paleókastro • Tel. 22 89 07 18 13 • www.tyrokomiomymykonou.gr

Foúrnos – die Bäckerei

Aus der Bäckerei in Áno Merá duftet es frühmorgens nach frischem Brot und den ganzen restlichen Tag über nach süßem Gebäck mit Gewürzen wie Sesam, Zimt, Zitrone oder Kardamom. Neben all den süßen Verführungen gibt es zum Stillen eines kleinen Hungers zudem täglich frische Spinat- und Käsetaschen (»spanakópita« und »tirópita«). Insgesamt ein Angebot, das man eher in der Chóra als in einem kleinen Bergdorf erwartet.
Hauptstraße • Tel. 22 89 07 14 05

Käserei von Konstantínos

Ein sehr altes Geschäft mit grün lackierten Fensterläden und blauen Schränken liegt gleich hinter dem zentralen Dorfplatz von Áno Merá. Herr Konstantínos stellt hier seit 30 Jahren den traditionellen Käse der Insel her: den Kopanistí. Dazu lässt er die geronnene und gesalzene Milch in Säcken austropfen, bis sie die Konsistenz eines trockenen Quarks hat, vermengt sie mit noch mehr Salz und knetet sie in einem großen Holztrog zu kleinen, viereckigen Würfeln, die er in Papier einpackt und mit einer Kordel zu einem Päckchen verschnürt. Kopanistí ist eine sehr salzige Angelegenheit und wird von den Einheimischen am liebsten mit einem Stück Schiffszwieback – dem Paximádi – und zusammen mit ebenfalls salzigen Oliven zu Schnaps und Wein gegessen.
Hinter der Platía

Minimarkets

Die Supermärkte des Bergdorfs mit ihren überfüllten Regalen und ihren kleinen Kassen ähneln noch ein bisschen den griechischen Lebensmittelläden der 1970er-Jahre, den »Pantopolía«. Die Preise am Berg sind freundlicher als unten am Meer, und an der Kasse freut man sich über jede noch so kleine Kundschaft. Wer statt kleiner Windmühlen, goldener Ohrringe oder rosafarbener Muscheln lieber eine Flasche Olivenöl, griechische Sesamkekse oder eine der hübschen Dosen Tomatenmark mit dem berühmten Pelikan oder einen guten Käse kaufen möchte, der könnte in einem der drei Supermärkte von Áno Merá glücklich werden.
Zwei liegen an der Hauptstraße, einer auf dem Weg von dort Richtung Kirche

Im Winter haben die Fischer des Ortes Agía Ánna (▸ S. 79) den Strand wieder für sich, im Sommer hingegen tummeln sich hier zahlreiche Badegäste aus den Hotels.

Ziele in der Umgebung

◎ Agía Ánna   📖 F 4

Das Fischerörtchen Agía Ánna, benannt nach einer gleichnamigen Kapelle, ist nur einen Steinwurf von Kalafáti entfernt und liegt südwestlich der Halbinsel Divoúnia (was übersetzt so viel bedeutet wie »zwei Berge«). Das Dorf besteht aus einfachen Fischerhäuschen im Westen der Bucht und aus einer Anhäufung kleiner Hotels, die sich an dem kleinen Strand rund um eine große Hotelanlage angesiedelt haben. Die windgeschützte Bucht von Agía Ánna lädt zum Baden ein, wenngleich der kleine Strand gerade einmal 100 m lang ist. An den felsigen Küstenabschnitten tummeln sich im Sommer Taucher und Schnorchler. Über der großen Hotelanlage des Anastasia Village befinden sich weitere Hotels und Pensionen, die allesamt einen herrlichen Ausblick auf

die Szenerie und die kleine, sandige Halbinsel mit ihren Zwillingshügeln im Hintergrund bieten.
4 km südöstl. von Áno Merá

ÜBERNACHTEN
Anastasia Village
Mit Privatstrand • Eine gleich am Wasser auf den Felsen errichtete Wohnanlage mit einem eindrucksvollen Portal, hinter dem sich lauter Ferienhäuschen auf verschiedenen Etagen verbergen. Das Village verfügt über einen kleinen Hausstrand mit eigener Beach Bar.
Tel. 22 89 07 12 05 • www.hotel anastasiavillage.gr • 85 Zimmer • €€€

Villa Daktilidis
Schmucke Ferienhäuser • Das kleine »Dorf« mit etwa 20 Zimmern ist ein Familienunternehmen, die Häuschen in der Bucht von Agía Ánna mit ihren hölzernen Decken und schatti-

In den Sommermonaten pendeln u. a. Badeboote von Platís Gialós und Ornós zum Eliá Beach (▶ S. 81), wo man herrliche Stunden am Strand verbringen kann.

gen Terrassen haben den ehemaligen Charme der Insel und vermitteln ein Gefühl von Privatatmosphäre, die auf Mykonos nicht mehr häufig zu finden ist. Hinzu kommt ein selten schöner Blick auf »die Brüste der Aphrodite«, die am Ende des Strandes aus dem Meer ragen.
Tel. 22 89 07 11 98 • www.daktilidis-village.gr • 20 Zimmer • €€

Villa Kalafatis
Über dem Meer • Ebenso beliebt wie die Villa Daktilidis ist bei den Surfern von Pezi Huber, der in der Bucht seine Bretter verleiht, die Villa Kalafatis. Auch hier handelt es sich eher um ein kleines Familienunternehmen mit einzelnen Apartments als um ein großes Hotel.
Tel. 22 89 07 12 87 • www.villas kalafatis.com • 7 Apartments • €€

ESSEN UND TRINKEN
Spilia Restaurant
Am Felsen • Dem Anastasia Village ist ein öffentliches Restaurant angegliedert, das einen Akzent auf italienische Küche setzt. Der Name weist auf eine winzige Höhle hin, die zwi-

schen den Felsen am Privatstrand zu finden ist. Serviert werden interessante Fischgerichte, aber natürlich fehlt an einem so romantischen Ort auch die kleine Cocktailbar nicht.
Tel. 22 89 07 12 05 • www.hotel anastasiavillage.gr/restaurant-mykonos.html • €€€

◉ Agrári   E 5

Der Strand von Agrári liegt am Ende eines breiten Tales, das sich allmählich zum Meer hin öffnet, und ist einer der ruhigsten Strände in der Gegend. Weder Busse noch Boote steuern ihn an.

Schon der Weg hierhin ist vielversprechend. Von Áno Merá kommend, biegt ein kleines unscheinbares Sträßchen bei der Apotheke nach rechts ab. Die Landschaft ist geprägt von Feldsteinmauern, zwischen denen goldene Strohballen liegen, und von silbernen Ähren hoher Gräser, die sich im Wind wiegen. Ziegen und Schafe streunen über die Hügel, Rinder stehen kauend in der Sonne. Manchmal scheinen sich die lose in der Landschaft verstreuten Häuser und Kirchen zu einer Ortschaft zu verdichten, auf den Landkarten tauchen Namen wie Kounoúpas, Halástra und auch Agrári auf. Doch zu einem richtigen Dorf mit einem Laden oder einem Kafeníon hat man sich in dieser Gegend nirgends zusammengefunden.

Die Straße folgt dem Lauf eines Bachbettes bis zu einem kleinen Spielplatz unter alten Tamarisken und einigen Sonnenschirmen am Strand. Obwohl es auch hier bereits eine Beach Bar und einige Sonnenschirme gibt, ist Agrári noch ein ruhiger Strand, der gerne von Individualreisenden aufgesucht wird. Am

östlichen Ende des Strandes begrenzen flache Felsen die Bucht, über die man bis zum Strand von Eliá wandern kann.
5 km südwestl. von Áno Merá

ÜBERNACHTEN
Sunrise Beach Hotel
Klassisch • Das Sunrise Hotel liegt nah beim Strand und ist von einem hübsch gepflegten Garten mit Palmen, Sträuchern und Blumenrabatten umgeben. Die Sonnenschirme reichen noch nicht von der Haustür bis zum Wasser, sondern lassen Raum für den Bau von Sandburgen oder ein Federballspiel. Das Sunrise Hotel ist ein Ort der Erholung.
Tel. 22 89 07 22 01 • sunrise mykonos.gr • 33 Zimmer • €€€

Ethereal Apartment Studios
Ruhig • Zwischen Berg und Meer, am Rand der Felder und nicht weit vom Bachbett, gibt es vier schlichte, aber hübsche Ferienhäuser mit jeweils 2 Apartments, etwa 100 m vom Strand entfernt,
Tel. 00 30 69 46 41 41 88 • www. etherealmykonos.gr • 8 Zimmer • €€

◉ Eliá   E 5

Der Name Eliá deutet darauf hin, dass es hier zumindest einen Olivenbaum gegeben haben muss. Heute ist keiner dieser Bäume mehr zu sehen, die für viele andere Inseln Griechenlands so typisch sind. Zwei Busse verkehren täglich zwischen der Inselhauptstadt im Westen und dem Strand von Eliá im Norden, einer zu Mittag, einer am frühen Abend, sodass man bequem um 12 Uhr losfahren und mit dem Bus um 18.20 Uhr wieder zurückkehren kann. Mit dem Auto und dem Motorroller erreicht man Eliá von Áno Merá aus in zehn Minuten, indem man zunächst in Richtung Kaló Livádi nach rechts und dann nach links hinunter zum Meer abbiegt.

Der Strand von Eliá wird auch von den Badebooten angesteuert, in der Bucht selbst stehen Wasserskier und Jet-Skier zur Fortbewegung auf dem Wasser zur Verfügung.

4 km südl. von Áno Merá

ESSEN UND TRINKEN
Elia Pool Bar Restaurant

Im Trend • Die Werbetafel an der Hauswand verspricht an erster Stelle Chill-Out-Musik, Longdrinks, Cocktails und Kaffee. Zum Stillen wirklichen Hungers bereitet man in der Küche des Restaurants u. a. Risotto, Pizza und Spaghetti zu. Tel. 22 89 07 12 04 • www.mykonos elia.gr • tgl. ab Mittag • €€€

◉ Fokós 📖 F 2

Fokós ist der entlegenste der großen Strände der Insel. Er liegt rund 7 km nördlich von Áno Merá und ist im Osten wie im Westen von kargen Bergen umgeben.

Die Straße führt von Áno Merá durch ein weites Tal und die größten Felder der Insel. Hier steht tatsächlich noch ein Bauer auf seinem Acker und begutachtet die Saat, eine Frau in schwarzen Kleidern geht zur Kirche, um eine Kerze anzuzünden. Die wenigen Häuser, die sich an den flachen Berghängen und in der Mitte des Tales unter Feigen- oder Eukalyptusbäumen ducken, sind keine zweistöckigen Ferienhäuser mit dicken Sicherheitstoren, sondern einfache Wohnungen, in denen die Menschen wie seit ewigen Zeiten ihren täglichen Beschäftigungen nachgehen.

Der Weg nach Norden führt an dem zweiten künstlichen See der Insel entlang, an dessen Ufer einige Reiher stehen. Häuser gibt es hier gar keine mehr. Die nächste menschliche Behausung ist die Fischer-Taverne von Fokós, deren überdachte Terrasse der einzige Schattenplatz im Tal zu sein scheint.

Sonnenschirme sind auch an diesem Strand, den viele Einheimische für den schönsten der Insel halten, nicht zu entdecken. Dicke Büschel von Steppengras reichen bis an den hellen Sandstreifen, das letzte Rinnsaal eines Baches verendet nicht weit vom Meer in einem winzigen Sumpf. Im Westen der Bucht erstreckt sich das Land bis weit aufs Meer hinaus, wo sich noch einmal zwei Felsen auftürmen. Die einzigen Menschen auf diesem Fleck Erde sind die Besitzer der Taverne, Gesellschaft leisten ihnen die Ziegen, die das Geschehen beobachten, und die Eidechsen, die über die heißen Steine huschen.

Manchmal taucht noch eine Gruppe von Reitern am Strand von Fokós auf, um eine Runde im Sand zu galoppieren oder um sich mit den schönen Tieren vor dem Blau des Meeres zu fotografieren.

8 km nördl. von Áno Merá

ESSEN UND TRINKEN
Taverne Fokós

Einsam gelegen • In der Abgeschiedenheit des Ortes ist die alte Fischertaverne mit ihren großen Kühlschränken und den eisgekühlten Getränken für viele eine Erlösung. Die Atmosphäre hier ist freundlich, der Schatten wohltuend und die Speisekarte eine Überraschung: Es gibt marinierten Oktopus vom Grill und frische Muscheln, mykoniotische

An windstillen Tagen bietet der Fteliá Beach (▸ S. 83) im Norden von Mykonos beste Badebedingungen vor unbebauter Kulisse.

»loúza«, eine Art Schinken, Lamm, Schwein und Tintenfische vom großen Grill, und für die Vegetarier unter den Fremden sogar Falafel und Humus. Im Angebot außerdem: »frischer Fisch je nach Wetterlage« zum gerade aktuellen Kilopreis.
Tel. 00 30 69 45 82 85 61 • www.fokosmykonos.com • tgl. ab Mittag • €€

◎ Fteliá   D 3

An windstillen Tagen, aber auch, wenn der Wind von Süden oder Osten weht, bietet der Strand im Norden der Insel, ganz am Ende der Bucht von Pánormos, eine der besten Bademöglichkeiten auf Mykonos. Der lang gestreckte, elegant geschwungene und dabei vollkommen unverbaute Sandstreifen am Ende einer nur mit Steppengras bewachsenen Ebene ist weithin sichtbar und sogar von der Windmühle beim al-

ten Kastell in Áno Merá aus zu erkennen. An windigen Tagen sieht man dann zudem zahlreiche bunte Segel auf dem Meer, Fteliá ist ein Hotspot für Windsurfer.
Das türkisfarbene Wasser ist über eine kleine, anfangs noch asphaltierte Straße zu erreichen, die zwischen Áno Merá und der Chóra nicht weit von dem kleinen Vergnügungsviertel von »Las Vegas« nach Norden abzweigt.
Das Wasser ist auch hier kristallklar, aber im Gegensatz zu den südlichen Designer-Stränden wird der Sand bei Fteliá nicht nächtens durchgerecht und morgens von Putzkolonnen heimgesucht. Auf einem flachen Felsen im Meer hat sich eine kleine Möwenkolonie niedergelassen – die strahlend weißen Tupfen passen perfekt ins Bild der Insel.
Die Ruhe in der Bucht von Fteliá ist womöglich der **neolitischen Sied-**

lung zu verdanken, deren Überreste in der Mitte des Strandes zu sehen sind und eine Bebauung verhindern. Die wenigen Mauerreste, die noch aus dem Sand ragen, wurden von Archäologen einmal notdürftig von Wellblechdächern beschützt, die inzwischen verrostet sind, vom Wind zerknickt oder ganz davongeweht wurden. Neben der berühmten Nachbarinsel Delos mit ihren antiken Reichtümern sind die scheinbar unstrukturierten Mauerreste kein historisches Highlight, bilden aber mit ihren Blumen, die ungestört zwischen den Ritzen des Mauerwerks sprießen, und mit ihrer unbeachteten Verlassenheit eine hübsche Abwechslung in der Welt aus Sand und Wasser.

4 km nordwestl. von Áno Merá

ÜBERNACHTEN

Anamar Boutique Hotel

Geschmackvoll • Am Berg erbaut und knapp 1 km vom Wasser entfernt, aber mit einem raumgreifenden Blick auf die Bucht, liegt das luxuriöse Anamar Boutique Hotel mit schönem Swimmingpool. Die Zimmer lassen keine Wünsche offen, der Service ist professionell.

Tel. 22 89 07 18 11 • anamar mykonos.com • 30 Zimmer • €€€€

Ftelia Bay Boutique Hotel

Luxuriöse Anlage • Ebenfalls am Berg und wunderbar gelegen, mit einem schönen Pool, eigenem Restaurant und einer Beach Bar über dem Meer, liegt das Ftelia Bay Boutique Hotel mit seinen Apartments, Studios und Suiten. Die ausgesprochen geschmackvoll gestaltete Anlage zwischen der wuseligen Inselhauptstadt und dem gemütlicheren Áno Merá ist

ein Ort, an dem man durchaus einige Tage verbringen kann. Tel. 22 89 07 16 48 • www.fteliabay. gr • 27 Zimmer • €€€€

ESSEN UND TRINKEN

Ftelia Restaurant

Italienisch • Am westlichen Ende des Strandes liegt am Berg das Restaurant Ftelia. Es ist an heißen Tagen der einzige Schattenspender in der Gegend. Auf der Terrasse mit Blick auf die türkisfarbene Bucht wird vornehmlich italienisch gekocht: Das Risotto, die Pasta und die Pizza stehen in dem Ruf, zu den besten auf der Insel zu gehören.

Tel. 22 89 072 46 • im Sommer tgl. ab 12 Uhr • €€

AKTIVITÄTEN

RACELAND

Die 700 m lange, mit zahllosen Kurven und Haarnadeln regelrecht ineinander verknäulte Strecke würde womöglich auch Motorhelden wie Sebastian Vettel einen gewissen Respekt abverlangen. Dem Kurs fehlt es weder am nötigen Schwierigkeitsgrad noch an wehenden Fahnen, Reifenstapeln oder karierten Zielflaggen, und die kleinen Karts könnten durchaus eine Geschwindigkeit von 80 km/h erreichen, wäre die Start- und Zielgerade mit ihrem schwarzen Asphaltbelag dazu nicht etwas zu kurz.

Während sich nachmittags die Jugend auf dem Kurs vergnügt, kommen gegen Abend die großen Amateure. Bis um 3 Uhr morgens heulen unter dem Flut- und Mondlicht die Motoren. Das Vergnügen kostet zwischen 10 und 20 € für 10 Minuten. Bis 17 Uhr, also bevor es eigentlich richtig spannend wird auf der Strecke, können kleine Gruppen die Strecke stundenweise zu günstigen Konditionen mieten.

An der Straße von der Chóra nach Áno Merá • Tel. 00 30 69 42 63 32 24 • tgl. 10–3 Uhr

◎ Kalafáti   📖 F 4

Kalafáti ist der größte Touristenstützpunkt im Osten der Insel. Es gibt Hotels, Zimmervermietungen, Restaurants, eine Bar, einen langen, von Tamarisken gesäumten Strand und dazu eine Surfschule und eine Autovermietung.

Die Anfahrt von Áno Merá dauert etwa 15 Minuten. Der Blick von der Anhöhe auf die große Bucht zeigt eine Postkartenidylle, gleich zwei Buchten liegen rechts und links unterhalb der Straße: die Bucht von Kalafáti im Osten und die Bucht Agía Ánna im Westen. In der Mitte erstreckt sich eine schmale Landzunge, von beiden Seiten vom Meer umspült, aufs Meer hinaus, wo sich noch einmal zwei kleine Hügel erheben: die Halbinsel Divoúnia: Der Sage nach sind dies die versteinerten Brüste der Liebesgöttin Aphrodite.

Um die mythologischen Kuppen ist ein heftiger Streit entbrannt, denn ein amerikanischer Investor möchte auf dem schmalen Landstreifen Hotels errichten, die fortan den entzückenden Blick auf die jungfräulichen Brüste der Aphrodite und eine kleine Fischersiedlung verstellen würden.

Noch aber stehen ganze Busladungen von Touristen vor dem Restaurant am östlichen Ende des Strandes, um die sagenumwobenen Hügel im Abendlicht zu fotografieren, während aus den Lautsprechern des Restaurants leise, romantische Musik ertönt.

5 km südöstl. von Áno Merá

Der wunderschöne Sandstrand von Kalafáti (▸ S. 85) bietet mit seiner geschwungenen Bucht und dem mäßig bis stark wehenden Wind ideale Bedingungen für Surfer.

MERIAN Tipp

FISCHTAVERNE VON MÁRKOS

Márkos ist Fischer, seit über 40 Jahren. Und Koch, seit über 30 Jahren. Seine Speisekarte unterscheidet sich kaum von der anderer Fischtavernen, es gibt gegrillte und gebratene Fische, die Fischsuppe »kakaviá« sowie Spaghetti mit Hummer und Garnelen. Aber Márkos versteht einfach etwas mehr von der Fischküche als andere ... ▸ S. 17

ÜBERNACHTEN
Aphrodite Beach 👫

Große Hotelanlage • Nicht zuletzt die Architektur, die Lage und die Atmosphäre des Hauses erinnern ein wenig an die italienischen Urlaubsorte an der Adria in den 1960er-Jahren. Das älteste Hotel am Ort ist im Vergleich zu anderen Hotels dieser Größe und Ausstattung verhältnismäßig günstig, durfte seinerzeit noch ganz nah am Strand gleich hinter den Tamarisken gebaut werden und verfügt über jeden Komfort. Das Hotel mit Meerwasserpool und Kinderbecken ist wegen der Nähe zum Strand und des schattigen Gartens auch für Familien mit Kindern empfehlenswert. Tel. 22 89 07 13 67 • aphroditemykonos.gr • 140 Zimmer • €€

ESSEN UND TRINKEN
Thalassa

Speisen in Weiß • Schlicht und einfach »Meer« nennt sich das große Lokal am westlichen Strandende. Hier ist alles in Weiß getaucht, die Tische mit ihren Decken und Stühlen, die Vorhänge vor den Fenstern, die Blusen der Kellnerinnen, das Dach der Veranda und die beiden ausgedienten Barken, die einst zum Fischen ausfuhren und jetzt dem Restaurant zur Dekoration dienen. Ein Edelrestaurant mit Sektkübeln, wie geschaffen für romantische Sonnenuntergänge gegenüber den Brüsten der Aphrodite. Tel. 22 89 07 20 81

AKTIVITÄTEN
SURFEN 👫

Pezi Huber weiß, woher der Wind weht. Er war zuerst eine Zeit lang auf Kreta, um dort mit seinem Brett durch die Wellen zu surfen, aber auf Kreta machte sich »der Meltemi ja frühestens um 12 Uhr mittags bemerkbar« – und das meistens erst im Juli und August. Also suchte er sich eine Insel, auf der der Wind das ganze Jahr über weht, und fand sie in Mykonos. Und nun lebt der Österreicher mit seinen Brettern schon seit einem Vierteljahrhundert an dem großen Strand von Kalafáti.

Als er ankam, waren weder die Sonnenschirme noch die vielen Touristen da, inzwischen ist die Flotte, mit der Huber in See sticht, um etliche Bretter größer geworden. Wer sich nicht allein hinaus aufs offene Meer traut, kann sich von Surflehrern begleiten lassen. Anfänger können in windgeschützten Gewässern einen drei- oder sechsstündigen Crashkurs absolvieren. Bretter zum Ausleihen für Profis gibt es z. B. für 30 € die Stunde oder 270 € die Woche. Tel. 22 89 07 23 45 • www.pezihuber.com • tgl. 10–19 Uhr

SERVICE
AUTOVERMIETUNG
George Papoútsas

Wer nicht über die halbe Insel nach Mykonos-Stadt fahren möchte, um sich ein Auto zu leihen, kann praktischerweise gleich am Ortseingang von Kaláfati bei George Papoútsas Motorroller und Leihwagen mieten. Und das Gute daran: Die Preise sind die gleichen wie in der Hauptstadt: Motorroller gibt es ab 10 €, Autos kosten ab 30 €.

Tel. 22 89 07 16 40 • www.papoutsasrent.gr

◎ Kaló Livádi   📖 F 4

Die Straße nach Kaló Livádi zweigt etwa 1 km hinter dem Kloster in Áno Merá nach rechts ab. Gleich danach steht auf der linken Straßenseite ein gut zu übersehendes Schild, das nach links weist. Von hier aus führt der Weg vorbei an großen Feldern und kleinen Bauernhäusern bis zum Eingang des Tals, durch das sich das Sträßchen anschließend in einer unterhaltsamen Berg- und Talfahrt bis ans Meer hinunterwindet.

Unten am Meer breitet sich ein langer Sandstrand mit einigen Tamarisken aus, am westlichen Ende werden vor einer Bar Liegestühle vermietet. Ein Stück entfernt steht zur Alternative, etwas zurückgesetzt, ein weiteres Lokal zur Auswahl. Trotz der beiden Bars und einiger an den steilen Hang gebauter Ferienhäuser im Westen der Bucht ist Kaló Livádi einer der wenigen Strände auf der Insel Mykonos geblieben, auf denen noch genügend Sonne zum Sonnenbaden und genügend Sand zum Beachballspielen sowie zum Bauen von Sandburgen vorhanden ist.

Kaló Livádi bedeutet übersetzt »gute Weide«. Inzwischen stehen zwar keine Rinder mehr auf den großen weiten Wiesen, und wo einst die Tiere grasten, haben sich Schilf und Bambus ausgeweitet, aber die ursprüngliche Landschaft ist, abgesehen von einigen wenigen Ferienhäusern, die sich heimlich in das grüne Tal eingeschlichen haben, weitgehend erhalten geblieben.

2 km südöstl. von Áno Merá

ÜBERNACHTEN

Hotel Penelope 👫👶

Abseits gelegen • Ein schon etwas älteres Hotel gleich am Eingang des Dorfes, ein paar Hundert Meter vom Meer entfernt am Berg gelegen. Mit seinen 36 Zimmern, dem Pool und

Eine kleine Kuppelkirche erhebt sich über der Bucht von Kaló Livádi (▸ S. 87).

Whirlpool sowie WLAN weist das Haus allerdings den neuesten Standard auf: mit kleinen Kühlschränken im Zimmer und natürlich Klimaanlage, Fitness-, Tennis- und Squashmöglichkeit sowie Babysitterservice!

Tel. 22 89 07 16 54 • www.penelope village.gr • 36 Zimmer • €€€

Seaside Studios

Seeblick • Die neun einfachen, aber schön am Hang gelegenen Ferienhäuser von Antónis Bónis sind aus Natursteinen erbaut und mit traditionellen Holzdecken versehen. Im Innenbereich sind die Wände traditionell weiß gekalkt, nur die Klimaanlagen sind neu. Von den Terrassen und Fenstern aus blickt man nach Westen auf das Meer und die Bucht. Eine der schönsten Alternativen zu den großen und teuren Hotelanlagen der Insel.

Tel. 00 30 69 74 80 76 70 • www.seasidestudios.gr • 13 Zimmer • €€

ESSEN UND TRINKEN

Solymar

Sushi und Hummer • Ein sehr schön gelegenes Strandrestaurant mit angenehmen Gästen und einer sehr höflichen Bedienung an einem der schönsten Strände der Insel. Allerdings ist das Solymar mit seinen Tischen und den vielen Sofas am Strand eher eine Mischung aus Beach Bar und Restaurant. Die Gerichte sind mehr so etwas wie Zugaben zum Getränk als zum Stillen des Hungers, die Preise nichts für Studenten und Backpacker. Es gibt ein Risotto mit Meeresfrüchten, Sushi mit Hummer, Pasta mit Krabben und Avocado Tartar, nur leider wird nichts davon unter 20 € serviert.

Tel. 22 89 07 17 45 • www.solymar.gr • tgl. ab mittags • €€€

◎ Liá   G 4

Ein sehr schöner kleiner Strand, an dem Kinder im türkisfarbenen Wasser plantschen, und mit einer Bambushütte in der Mitte, in der vier gut gebräunte Tauchlehrer lässig in Stühlen sitzen und auf Kundschaft warten. Der Weg nach Liá ist schön, er verläuft ein ganzes Stück weit parallel zum Meer zwischen den Feldern. Am Eingang zum Tal, an dessen Ende sich der Strand erstreckt, liegen wie riesige Murmeln die von Wind und Wetter zu Kugeln geformten Felsen zwischen kleinen Kirchen und steilen Gärten. Auch unten am Meer sind die Felsen weich geschliffen und ideal, um in den Abendstunden den Sonnenuntergang zu genießen. Der Strand besteht aus einem hellen, feinen Kies, der aus dem Baumarkt stammen könnte, und das Wasser ist auch hier wunderbar klar. Liá ist nur 5 km von Áno Merá entfernt. Verlässt man das Dorf auf der Hauptstraße in Richtung Süden, kommt nach der Tankstelle und dem dahinterliegenden Fußballplatz eine Abzweigung nach links. Nach etwa 300 m biegt die Straße vor einer Kapelle nach rechts ab, während eine kleine, kaum sichtbare Straße neben der Kirche geradeaus in Richtung Liá führt. Das Hinweisschild steht hinter einem Oleanderbusch auf der rechten Straßenseite.

7 km östl. von Áno Merá

ÜBERNACHTEN

Liasti Apartments

Bescheiden • In Strandnähe befinden sich mehrere kleine, zum Tauchcenter gehörende Bauten mit Apartments, die nicht nur an schwarzbärtige oder blondhaarige Männer in Gummianzügen, sondern z. B. auch an ganz gewöhnliche Frauen in Badeanzügen vermietet werden.

Tel. 00 30 69 46 95 77 32 • €€€

ESSEN UND TRINKEN

Liasti

Beach Bar • Einige weiße, an antike Marmorstatuen erinnernde Kunst-

Angenehme Lounge-Atmosphäre herrscht im Solymar (▸ S. 88) in Kaló Livádi, das zur gehobeneren Gastronomie zählt, mit entsprechenden Preisen.

werke vor dem Restaurant zeigen umschlungene Liebespaare oder allein stehende Torsi der Neuzeit und möchten auf einen Kulturstandort hinweisen, der jedoch eigentlich nur aus einem Restaurant und einer der üblichen Bars besteht. Weder das Essen noch die Getränke zeugen von kulinarischer Hochkultur, auch im Liasti wird selbstverständlich vornehmlich mit Wasser gekocht. Die Stimmung allerdings ist - wenn auch nicht unbedingt in der Küche und unter dem Personal, so doch zumindest unter den Gästen – in der Regel so wunderbar wie die Landschaft, die das Liasti umgibt.
Tel. 22 89 07 21 50 • €€

AKTIVITÄTEN
TAUCHEN
Tauchcenter Godive
Die Tauchstation ist in einer kleinen Bambushütte eingerichtet und ver-

spricht schöne Tauchgänge, bei denen man eine bunte Fischwelt entdeckt. Eines der Highlights ist ein Ausflug zu dem Wrack eines alten Dampfschiffes, das nicht weit von hier in der blauen Tiefe vor sich hinrostet. Die Angebote der Tauchschule reichen von Lehrgängen für Kinder bis hin zu solchen für erwachsene Anfänger und Fortgeschrittene. Darüber hinaus gibt es Schnorcheltouren mit einem knallroten Gummiboot und kleine Exkursionen mit einem Schiff.
Die ganztägige Tour mit dem Boot kostet 550 €, für den zweitägigen Lehrgang zahlt man 295 €, der eintägige Kurs für Anfänger kostet 65 €. Eine Schnorcheltour beläuft sich auf 25 € inkl. Brille und Führung. Auf Anfrage wird man auch in Mykonos-Stadt abgeholt.
Godive • Tel. 00 30 69 46 95 77 32 • www.godivemykonos.com

Hoch über dem Meer, ganz im Nordwesten von Mykonos, liegt das Kap Armenistís (▶ S. 97) mit seinem markanten Leuchtturm, von dem aus man einen herrlichen Rundumblick genießt.

Touren und Ausflüge

Das winzige Eiland Mykonos lässt sich bequem innerhalb eines Tages erkunden. Ein Ausflug zur berühmten Nachbarinsel Delos gehört zum Pflichtprogramm, Tinos zählt noch zu den Geheimtipps.

Die stillen Buchten im Norden – Ausflug nach Pánormos und Ágios Sóstis

Charakteristik: Eine kleine Autofahrt von der Chóra zur Bucht von Pánormos im Norden **Dauer:** Tagestour **Länge:** 20 km **Einkehrtipp:** Ágios Sóstis: Taverna Kikí (▶ S. 60), neben der Kapelle von Ágios Sóstis €€ • Pánormos: Kalósta (▶ S. 62), Tel. 22 89 07 85 89, www.kalosta.com €€ **Auskunft:** Touristenpolizei, Flughafen von Mykonos, Tel. 22 89 02 24 82

 C 4–D 2

Die kleinen Orte Pánormos und Ágios Sóstis mit ihren hübschen Stränden sind ideal, um für einige Tage in aller Ruhe nichts als das Meer und die Landschaft zu genießen. Sie gehören aber auch zu den reizvollsten Ausflugszielen auf Mykonos, denn die Fahrt zu den Buchten im Norden führt durch eine kaum verbaute und ländliche Gegend, die man auf der Ferieninsel so nicht mehr häufig antrifft.

Chóra ▶ Ágios Panteleímon

Wenn Sie von Chóra in Richtung Áno Merá fahren, weist in der Nähe der Ortschaft **Vothonás** ein Schild auf die schmale Straße nach Pánormos hin, die hier nach Norden abzweigt. Von Áno Merá kommend, versteckt sich die Abzweigung hinter einem Supermarkt namens »Flora« auf der rechten Straßenseite.

Die Reise führt zunächst durch eine ruhige Hügellandschaft, in der nur noch vereinzelt Häuser stehen, die nicht ganz so weiß strahlen wie die der Chóra. Die schmale Straße wird von niedrigen Steinmauern flankiert, die zum Schutz vor dem heftigen Winterregen weiß getünchte Giebel tragen. Sie windet sich durch Parzellen alter Felder und Weiden. Korn steht nur noch selten zwischen den Feldsteinmauern, mit denen die

Äcker eingefasst sind, wilde Gräser ragen über die Steinwälle hinaus.

An einer Weggabelung haben sich einige Häuser zusammengetan, gegenüber legt der müde Eukalyptusbaum eines Klosterhofes einen seiner schwersten Äste auf die Klostermauer ab. Ein von der Sonne gebleichtes Schild weist den Weg, der nur weniger Meter weiter vor der niedrigen, dicken Tür des **Klosters Ágios Panteleímon** endet.

Das unbewohnte Haus mit seinen roten Fenstern und Türen in den dicken, weißen Wänden ist eine griechische Idylle und einen Zwischenstopp wert. Das Gotteshaus scheint von Gott verlassen und aller Welt vergessen worden zu sein. Die kleinen Unterschlüpfe im kunstvollen Taubenschlag, der sich hoch wie ein Turm über den Klostermauern erhebt, sind mit Kalk zugeschmiert worden, nicht einmal Tauben gurren hier. Der Weingarten ist seit Jahren unbeschnitten, längst ranken die Reben über die Feldmauern hinaus, und aus dem steinernen Ausfluss des Maischebeckens, in dem die Äbte einst die Trauben mit den Füßen zerstampften, ist schon lange kein Tropfen Wein mehr geflossen. Eidechsen huschen über die Wege, Kamille sprießt aus den Ritzen des

Seit 1994 herrscht am Strand von Pánormos Bebauungsverbot – unter den bereits existierenden Häusern befindet sich jedoch auch ein Hotel (▶ MERIAN Tipp S.15).

Steinpflasters, Grillen und Zikaden zirpen, trocken hängen die Zweige alter Obstbäume in der Sonne.

Nur einmal im Jahr, Mitte Juli, wird das Kloster aus dem Jahr 1665 mit Leben erfüllt. Dann werden die Wände frisch gekalkt, Blumenkübel aufgestellt, und dann öffnet sich auch die eisenbeschlagene Kloster-tür mit dem gewaltigen Schlüssel-loch, die aussieht, als stamme sie aus einer Zeit, als die Menschen noch kleinwüchsiger waren. Auch die durch einen schmalen Gang vom Klosterbau getrennte Kirche wird an diesem Tag geöffnet, damit die Gläu-bigen zwischen den uralten Ikonen beten und singen und im Hof essen und trinken können wie schon vor hundert Jahren. Sollten Sie zufällig an diesem Tag hier vorbeikommen, dann könnte dieser Tag zu einem unvergesslichen Erlebnis werden.

Ágios Panteleímon ▶ **See von Maráthi** Hinter dem Kloster verläuft die Straße entlang den Hängen des **Profítis Ilías**, des höchsten Berges der Insel, auf dessen Gipfel eine weiße Kapelle leuchtet. Vor verlasse-nen Gehöften grasen Kühe, Bäume beschatten alte Gehöfte, zwischen den stacheligen Tellern des Feigenkaktus leuchten purpurfarbene Kaktusfeigen, Mohn sprießt im Frühling aus den Ritzen heißer Steinmauern. Etwa einen halben Kilometer hinter dem Kloster biegt ein Sträßchen links in die Berge in Richtung **Ágiou Paraskeví** ab und führt ein Stück den Berg hinauf, wo sich am Ende der Straße einige Häuser beinahe schon zu einem Dorf zusammengeschlossen haben. Ein Kafeníon oder ein Restaurant gibt es dort noch nicht, aber die Sicht auf das Tal und den See von Maráthi sind den kleinen Abstecher wert.

FotoTipp

KLOSTER ÁGIOS PANTELEÍMON

Wenn am Morgen die Sonne in den schmalen Gang zwischen der Kapelle und dem verlassenen Klosterbau fällt und die alten Mauern anstrahlt, werden die jahrhundertealten Kalkschichten plastisch. Der Kontrast zwischen den strahlend weißen Mauern und dem blauen Himmel ist ein klassisches Mykonos-Motiv. ▸ S. 92

Wieder zurück auf dem Sträßchen nach Norden wird die Landschaft allmählich wilder, die Mauern am Straßenrand und die Felder verschwinden, zwischen den Telegrafenmasten pfeift der Wind sein Lied, bis die Straße den **See von Maráthi** erreicht. An dem von Schilf und Gräsern bestandenen Ufer dösen drei flache Häuser vor sich hin, einige Palmen stehen in alten Höfen, eine Kapelle blickt auf die Wellen. Doch was wie eine natürliche Landschaft aussieht, ist von Menschen-

hand geschaffen, erst 1992 wurde der See von Maráthi mit einem Staudamm aufgestaut. Er ist heute das größte Süßwasserreservoir der Insel. Hinter dem hohen Damm öffnet sich ein tiefes, von schroffen und scharfkantigen Felsen eingeschlossenes Tal, das von den Mykonioten gerne schon einmal als Schlucht bezeichnet wird, und das in eine breite Ebene mit einem Brunnen ausläuft. Dahinter sieht man ein kleines Stück vom blauen Meer.

See von Maráthi ▸ Pánormos

Die Straße überquert noch zwei, drei Hügel, dann gibt sie den Blick frei auf den unberührten **Strand von Pánormos**. An Land liegt ein rot lackiertes Fischerboot, kein einziger Sonnenschirm ist zu sehen, Felder mit hohen Gräsern erstrecken sich bis an den Sandstreifen vor dem Meer. Der Strand von Pánormos ist seit 1994 vor Bebauung geschützt. Nur im Westen, wo schon früher Fischer und Bauern wohnten, stehen auf den Terrassen am Berg zwischen Palmen, haushohen Kakteen, Rosenbüschen und Weinlauben einige Häuser. Unter ihnen auch die Ferienhäuser zweier Brüder, die in den 1980er-Jahren drei Gästezimmer an der damals noch menschenleeren Bucht von Pánormos einrichteten. In der hübschen Landschaft ist mit der Zeit daraus der Hotelbetrieb Albatros gewachsen (▸ MERIAN Tipp, S. 15), heute mit Swimmingpool und vielen anderen Annehmlichkeiten.

Pánormos ▸ Ágios Sóstis

Einen Hügel weiter nördlich liegen die Kapelle und der Strand von **Ágios Sóstis**. Der auf der Landkarte am Ende der Bucht von Pánormos vermerkte Ort ist eine letzte Ansammlung von Häusern, die sich um die

Kirche am Ufer scharen. Zwei verlassene Stühle stehen im Schatten an einem Mäuerchen und blicken aufs Meer. Der stille Vorhof zwischen den dick übertünchten Kirchenwänden und den langen steinernen Tafeln und Bänken erinnert an Zeiten, als die Kirchenfeste noch bis spät in die Nacht andauerten. Inzwischen fehlen die Glühbirnen an den drei rostigen Lichtmasten, die die Tafeln vor dem Meer in helles Licht tauchten.

Gleich neben der Kirche versteckt sich eine kleine, sehr beliebte Taverne mit einem wunderbaren Blick über das blaue Meer. Man braucht ein wenig Glück oder Geduld, um hier noch einen der vielleicht 20 Plätze zu bekommen. Auf der anderen Seite der Kapelle erstreckt sich ein jungfräulicher Sandstrand, der nicht von bunten Sonnenschirmen und Blumenrabatten, sondern von

der kargen Macchia der Berge begrenzt wird, und an dem mitunter noch Männer oder Frauen ganz ohne Textilien am Leib gesichtet werden. Nicht nur deshalb ist der Strand von Ágios Sóstis für viele einer der schönsten der Insel.

Ágios Sóstis markiert jedoch noch nicht das letzte Ende der Straße nach Norden. Sie führt noch ein Stück weiter an der **Bucht von Pánormos** entlang, wo an stürmischen Tagen der Wind die Wellen mit ihren weißen Schaumkronen an die »Marmorinseln« treibt und hohe Fontänen aufsteigen lässt. Ein Schauspiel, das wie an kaum einem anderen Ort der Insel die Macht des Meltemi deutlich vor Augen führt.

Pánormos ▸ Chóra

Die Fahrt zurück durch die Hügel in die Chóra dauert – ohne Zwischenstopps – etwa eine Stunde.

Der Inselnorden zeichnet sich durch seine herbe Schönheit aus, Kapellen wie die am Strand von Ágios Sóstis (▸ S. 94) bilden hübsche Kontraste.

Ans »Ende der Welt« – Autotour zum Kap Armenistís

Charakteristik: Eine Autofahrt von der Chóra zum nordwestlichen Ende der Insel
Dauer: 3–4 Stunden **Länge:** 14 km **Einkehrtipp:** Taverna Epistrofí (▶ S. 97),
 Tel. 28 89 02 86 28, www.epistrofirestaurant.com €€ **Auskunft:**
Touristenpolizei, Flughafen von Mykonos, Tel. 22 89 02 24 82
🗺 C 4–B 2

Es ist nur eine kleine Reise, aber sie führt von der quirligen Hauptstadt in den Nordwesten der Insel bis ans »Ende der Welt«.

Chóra ▶ Ágios Stéfanos

Sie verlassen die Inselhauptstadt bei der Busstation und biegen nach links in die Od. Ágios Ioánnis Richtung Neuer Hafen und Ágios Stéfanos. Vorbei an der Kunstakademie (Athens School of Fine Arts) folgen Sie nun der Straße immer am Meer entlang. Nach etwa einem Kilometer sehen Sie linker Hand den **Neuen Hafen von Mykonos**, in dem die großen Kreuzfahrtschiffe ankern. Die weißen Riesen wirken vor den kleinen Häusern der Insel Mykonos noch etwas imposanter, ein Abstecher über die kleine Straße links zum Hafen lohnt sich.

⭐ **9** ## MERIAN Tipp

HOTEL SAN MARCO

In einer nahezu unberührten Landschaft nahe Mykonos-Stadt liegt dieses zauberhafte Hotel mit eigenem Tennisplatz, Spa-Bereich und einigen Extravaganzen. In den beiden hoteleigenen Restaurants wird zum Lunch und zum Dinner traditionelle griechische Küche serviert. ▶ S. 17

Von dort aus fahren Sie weiter nach Norden und folgen der Uferstraße. Den Wegweiser zum »Lighthouse«, der an der Kreuzung nach Ágios Stéfanos steil nach rechts den Berg hinaufleitet, ignorieren Sie und fahren weiter in Richtung **Ágios Stéfanos**. Nun windet sich die Straße über einen kleinen Hügel, kurz danach erreichen Sie eine Bucht mit einem langen Sandstrand und vielen Sonnenschirmen. Das Restaurant am Wasser und der große Parkplatz machen den kleinen Ort, nur 3 km von der Chóra entfernt, zu einem der beliebtesten Badeorte der Mykonioten. Vor allem am Sonntag sind die Tische und auch die Liegestühle von Ágios Stéfanos gut besetzt.

Ágios Stéfanos ▶ Kap Armenistís

Hinter dem Ort windet sich die Straße zwischen den Mauern alter Felder hindurch auf eine kleine Anhöhe. Während rechts auf großen Wiesen Pferde grasen und oben am Berg die weißen Punkte der Villen etwas weniger werden, liegt zwischen hohen Gräsern und wilden Blumen ein kleiner See. Inmitten dieser Landschaft, die auf einigen Landkarten den Namen »Paradísia« trägt, liegt verborgen unter ein paar alten Eukalyptusbäumen am Ende einer kleinen Allee eines der schönsten Hotels der Insel: das exquisite

Hotel San Marco (▸ MERIAN Tipp, S. 17) mit seinen Tennisplätzen und Restaurants.

Der Weg wird nun immer steiler, die Asphaltstraße zur Schotterstraße, bis an einer Kreuzung ein handbemaltes Schild das Ende verkündigt: »Dead End – Lighthouse!« Wenn Sie dieses Schild ignorieren und links weiterfahren – oder aber das Auto an der Kreuzung parken und die letzten steilen Meter doch lieber zu Fuß laufen –, kommen Sie ans »Ende der Welt«. Der **Leuchtturm von Kap Armenistís** wurde 1890 auf dem windigen Zipfel in der Einöde errichtet, als ein englischer Kapitän nachts vor der sturmgepeitschten Küste auf Grund lief.

Der Blick vom Leuchtturm aus ist grandios, bei gutem Wetter scheint die große Nachbarinsel Tinos greifbar nah zu sein. Obwohl der kleine Hügel mit dem Leuchtturm kaum hundert Meter über dem Meeresspiegel liegt, wird vielen Spaziergängern in der windigen Einöde über dem Meer unheimlich.

Kap Armenistís ▸ Chóra

Auf dem Weg zurück folgen Sie der Straße über die Berge, indem Sie an der Abzweigung mit der Warnung vor dem »toten Ende« den anderen Weg nach links einschlagen. Einige Kurven lang geht es weiter bergauf, dann fahren Sie rechts ab über den Rücken eines Berggrates auf einer relativ gut erhaltenen Straße durch eine Hügellandschaft, dazwischen tauchen einige verlassene Bauernhäuser und einige schneeweiße, gerade erst bezogene Villen auf. Wer den Blick über diese Landschaft schweifen lässt, kann erahnen, wie schwer das Leben hier einst war: Wie knotige, von der Arbeit angeschwollene Adern überziehen die von den sonnenverdorrten Hängen zusammengeklaubten Mauern aus Feldsteinen die Berge, in Generationen gewachsene Grenzwälle zwischen Getreideäckern und Schafweiden, die ohne eine Spur von weißer Farbe auskommen.

Nach etwa 5 km erreicht die kleine Straße die Ortschaft **Toúrlos**, ein Schild weist von dort den Weg zurück in die **Chóra** von Mykonos.

Vom Leuchtturm am Kap Armenistís (▸ S. 97) blickt man bis nach Tinos.

ESSEN UND TRINKEN

Taverna Epistrofí 🍴🍴

Eine typische griechische Fischtaverne am Strand von Ágios Stéfanos mit Sardellen, Meerbarben und Schwertfischsteaks, dazu die griechischen Salate mit Schafskäse, Oliven und Tomaten, und natürlich mit Pommes für die Kinder am Strand. Tel. 22 89 02 86 28 • www.epistrofi restaurant.com • €€

Die Heimat des Apollon – Schiffsausflug zur Nachbarinsel Delos

Charakteristik: Schiffstour zur Museumsinsel Delos mit ihren historischen Ausgrabungsstätten **Dauer:** halbtägiger Ausflug **Anfahrt:** Ausflugsschiffe tgl. um 9, 10, 11 und 17 Uhr ab dem Alten Hafen, letzte Fähre ab Delos um 20 Uhr **Einkehrtipp:** Museumscafé € **Auskunft:** Delos Tours am westlichen Anleger im Alten Hafen, Tel. 22 89 02 30 51, www.delostours.gr

Karte ▶ S. 99, Klappe hinten, d 4

Wer sich für die griechische Antike interessiert oder wem es auf der Partyinsel zu laut geworden ist, der braucht nur auf eines der Boote zu steigen, die vom Alten Hafen mehrmals täglich zur Nachbarinsel Delos übersetzen. Die Ansammlung der Relikte aus der Antike ist ebenso gewaltig wie die Stille an diesem Ort.

Blick in die Geschichte

17 Jahrhunderte lang war die Insel in Vergessenheit geraten, bis am Ende des 19. Jhs. die ersten Archäologen und Bildungsreisenden auf die Kykladen kamen. Sie kamen, um in Delos zu graben, und sie wohnten auf den Nachbarinseln Tinos und Mykonos, wo es Läden, Tavernen und Unterkünfte gab. Es waren nicht die Strände von Mykonos, sondern die Altertümer auf Delos, die die Ära des Tourismus auf den Kykladen einleitete, als zu Anfang des 20. Jhs. die ersten Kreuzfahrtschiffe zwischen den Felsen vor Anker gingen.

Wer heute vom Deck der Ausflugsschiffe einen Blick auf die Insel wirft, wird sich nur schwer vorstellen können, dass dieses winzige Eiland 500 v. Chr. das wirtschaftliche und religiöse Zentrum des östlichen Mittelmeerraums war und dass in der Chóra von Delos zu Spitzenzeiten 25 000 Menschen lebten. Diese einst große, aber bereits im 2. Jh. wieder völlig verlassene Säulenstadt gehört zu den beeindruckendsten Zeugnissen der Menschheitsgeschichte. Seit 1990 zählt Delos zum Weltkulturerbe der UNESCO.

Die fünf letzten **Marmorlöwen** einer kleinen Herde, von der niemand mehr sagen kann, wie viele es wirklich einmal waren, zierten die Buchdeckel unzähliger Geschichtsbücher und fehlten in keinem Fotoband über Griechenland. 2600 Jahre lang versuchten die sprungbereiten Tiere die Insel, auf der sich die **Bank des Attischen Seebundes** und unzählige, von Pilgern gefüllte **Schatzhäuser** befanden, vor Piraten zu schützten. Dennoch blieben Plünderungen und Überfälle im Lauf der Jahrhunderte nicht aus. Den aus archäologischer Sicht größten Schaden aber erlitt die Insel erst Mitte des 19. Jhs. durch die Raubzüge von Antiquitätenhändlern, ersten Touristen und zweifelhaften Archäologen. Den Venezianern gelang es, einen der marmornen Löwen nach Venedig zu verfrachten und vor dem Zeughaus zu positionieren. Ein anderer ist bis heute spurlos verschwunden. Wieder andere fielen dem Meltemi zum Opfer. Auch die fünf verbliebenen Originale, die bis 1999 auf der Insel standen, waren von

Delos ⭐ **8**

0 _____ 150 m

N

Stadion
Gymnasium
Archegesion
Mauer des Triarius
Thesmophorion
Agora des Theophrastos
Heiliger Hafen
Prytaneion
Heiliger Hafen
Theaterviertel
Kynthos
Seeviertel
Mauer des Triarius
Philadelpheion

© MERIAN-Kartographie

1 Agora der Kompitaliasten	17 Mykenische Grabkammer	33 Haus des Dionysos
2 Heilige Straße	18 Minoa-Brunnen	34 Haus der Kleopatra und des Dioskurides
3 Stoa Philipps V.	19 Dodekatheon	35 Haus des Dreizack
4 Südhalle	20 Hypostyl-Saal	36 Theater
5 Agora der Delier	21 Granit-Monument	37 Herberge
6 Propyläen	22 Tempel der Leto	38 Haus der Masken
7 Haus der Naxier	23 Agora der Italiker	39 Haus der Delphine
8 Apollontempel der Delier	24 Löwenterrasse	40 Kynthos-Höhle
9 Naxierhalle	25 Heiliger See	41 Kynthion-Heiligtum
10 Schatzhaus	26 Haus der Poseidoniasten	42 Heraion
11 Schatzhaus	27 Hügel-Haus	43 Serapeion C
12 Schatzhaus	28 Haus der Komödianten	44 Heiligtum der Syrischen Götter
13 Schatzhaus	29 See-Palästra	45 Haus des Inopos
14 Schatzhaus	30 Granit-Palästra	46 Serapeion A
15 Halle der Stiere	31 See-Haus	47 Hermes-Haus
16 Stoa des Antigonos	32 Heiligtum des Dionysos	48 Aphrodision

Durch die Jahrhunderte stark beschädigt und verwittert: Bis zu 16 Löwenskulpturen (▶ S. 98) sollen einst den Geburtsort des Apollon auf Delos bewacht haben.

Wind und Wetter so stark angegriffen, dass sie in dem kleinen Museum inmitten des wohl größten Trümmerfeldes der europäischen Antike untergebracht wurden.

Nirgends werden die Größe und die Bedeutung der einstigen Stadt im Zentrum der Kykladen verständlicher als an den klaren Tagen auf dem Gipfel von Delos, auf dem **Kynthos**, wenn über dem Straßengewirr am Fuß des Hügels die Nachbarinseln noch etwas näherrücken.

Wer den Blick über Ruinen schweifen lässt, sieht zwischen den steinernen Mauern das lebendige Bild einer lange vergangenen Epoche aufsteigen. Während andere Ausgrabungsstätten wie etwa die Athener Akropolis stets nur kleine Ausschnitte einer Zivilisation zeigen, weil um sie herum im Laufe der Zeit immer wieder neue Häuser, Paläste und Wohnviertel entstanden und die Spuren der Zeiten unter sich begruben, ist auf Delos eine ganze Stadt erhalten geblieben mit einer **Hafenanlage**, mehreren **Märkten**, **Geschäfts- und religiösen Zentren**. Da ist das große **Sportstadion**, in dem alljährlich die

Spiele von Delos stattfanden, und da sind die **Bäder** und das **Theater**, die Haupt- und Nebenstraßen, die einfachen und die vornehmen Viertel mit ihren großen, manchmal zweistöckigen Villen, denen die Archäologen Jahrhunderte später Namen wie »Haus der Delphine«, »Haus der Kleopatra«, »Haus des Dionysos« oder »Haus der Masken« gaben.

Das Ausgrabungsgelände

Am **Prozessionsweg**, der vom Hafen mit seinem großen Marktplatz bis zum Heiligen See und dem Apollon-Heiligtum hinaufführt, stehen nur noch ihre Imitate. Echt sind die Überreste der großen **Säulenhallen**, die die 13 m breite Prachtstraße säumten. Dem Apollon geweiht war die 72 m lange **Philipps-Stoa** auf der linken Straßenseite, von der heute nur noch die Grundrisse erhalten sind, während auf der rechten Seite 28 dorische Säulen die Front der 66 m langen **Südstoa der Könige von Pergamon** bildeten. Unter den Säulengängen wurden Geschäftsgespräche geführt, ebenso wie auf dem **Markplatz der Delier** nebenan, der gleich von drei großen Säulenhallen umgeben war. Nachdem die vorchristlichen Geschäftsreisenden um Preise gefeilscht und ihre Verträge ausgehandelt hatten, konnten sie sich im Bad, das in der Mitte des Markplatzes lag, erfrischen.

Ein relativ luxuriöses Reiseziel war die Insel aber auch für die Pilger, die Apollon ihre Aufwartung machten, der – so schrieb es einst Homer – von einer der vielen Geliebten des Zeus heimlich unter einer Palme am Heiligen See geboren wurde, damit der göttliche Zorn der eifersüchtigen Gattin den Sohn nicht schon bei der Geburt traf. Eine Palme aus Bronze und die 9 m hohe Marmorstatue des Apollon zeigte den Wanderern das Ziel ihrer oft beschwerlichen Reise an. Auch im geistigen Zentrum der Insel wollte man nicht auf weltlichen Luxus wie Bäder und komfortable Quartiere verzichten.

An der Nordseite des Apollon-Heiligtums befand sich mit 120 m Länge und 47 Marmorsäulen an der Frontseite die vielleicht imposanteste Stoa der Insel. Auf der anderen Seite des ehemaligen Sees, der heute ein Wäldchen aus Tamarisken ist, in dessen Mitte man zur Erinnerung an den göttlichen Geburtsort eine Palme pflanzte, befindet sich die **Agora der Italiker**, das größte Bauwerk der Insel, das mit seiner knapp 50 mal 70 m großen Halle und ihren Läden und einem Bad eher an eine Shoppingmall als an einen antiken Markt erinnert. Ebenso gigantisch war das Dach, das auf neun Reihen von je fünf Säulen über dem 208 v. Chr. fertiggestellten Hypostyl-Saal lag.

Gegenüber dem Heiligen Viertel mit seinen Kultstätten liegt das Theaterviertel mit den Relikten gigantischer, wenn auch nicht mehr ganz standhafter Marmorphalli, an denen im Laufe der Jahrhunderte der Zahn der Zeit genagt hat. Im Zentrum dieses antiken Künstlerviertels befindet sich ein **Amphitheater** mit 33 Sitzreihen und Marmorbänken für 5000 Zuschauer. Dahinter ein Treppenweg, der zur höchsten Erhebung der Insel, zum **Kynthos**, ansteigt, auf dem die Überreste von inzwischen 5000 Jahre alten **Rundbauten** zu sehen sind.

Das Museum

Wem es zu heiß ist, um auf der kargen Felseninsel herumzuspazieren, der kann sich alternativ dazu auch im klimatisierten Museum einen

Eindruck vom einstigen Leben auf Delos verschaffen. Begrüßt werden die Besucher von den Resten der rechten Hand des legendären Koloss von Naxos, der einst am Eingang zur Hafeneinfahrt gestanden haben soll, und den nackten Körpern athletischer Männer aus dem 7. Jh. v. Chr. Ebenso muskulös sind die berühmten Löwen von Delos, deren Originale seit einigen Jahren im Museum ein Leben hinter Gittern führen müssen. Auch die besonders wertvollen Mosaike haben inzwischen Schutz im Museum gefunden, und auch viele der dionysischen Kultgegenstände und berühmten Phallusdarstellungen sind inzwischen hinter Glas gelandet. Einen letzten und noch einmal alles umfassenden Blick auf die Welt der Ruinen vermittelt am Ausgang ein wundervolles **Modell** der alten Stadt von Delos.

Rückfahrt nach Mykonos

Ein Tag aber ist natürlich viel zu kurz, um alles zu sehen und gebührend würdigen zu können. Am Abend treiben die griechischen Fremdenführer die über die Insel verstreuten Touristen wie Schafe zusammen und geleiten sie zurück zum antiken Hafen. Danach ist die Insel wieder ganz der Stille überlassen. Nur ein paar Schatzwächter, die zur Unterstützung der steinernen Löwen auf die Insel gebracht wurden, bleiben zurück und können die beeindruckende Kulisse aus Marmorsäulen und Marmorstatuen auch noch im strahlenden Mondlicht der Ägäis betrachten.

INFORMATIONEN

Fahrt nach Delos 18 €, inkl. Führung 40 €. Tickets gibt es am Alten Hafen, Tel. 22 89 02 30 51

Delos-Besucher sollten unbedingt auch das Museum (▶ S. 101) besuchen, in dem einige der wichtigsten Fundstücke der Insel ausgestellt sind.

Das Lourdes der Ägäis – Tagestour zur heiligen Insel Tinos

Charakteristik: Schiffsreise zur Nachbarinsel Tinos **Dauer:** Tagestour **Länge:** Die Tour von der Chóra über Ktikádos und Voláx bis Pýrgos ist 50 km lang **Einkehrtipps:** Taverna Drossia Vassilis (▸ Merian Tipp, S. 17) € • Malaménia (▸ S. 109),

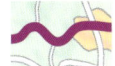 Chóra Tinos, Gáfou, Tel. 22 83 02 42 40 € **Auskunft:** Kyklomar Tours, Agiou Artemiou 1, Tel. 22 89 02 70 91, www.kyklomar.com

Karte ▸ Klappe hinten, c/d 3

Wenn Sie nach den Tagen im Trubel von Mykonos eine Ruhepause brauchen, dann fahren Sie nach Tinos. Die Tagestour zur Nachbarinsel ist ein Ausflug in eine andere Welt. Die viel größere, aber nahezu unbekannte Insel liegt nur 40 Fährminuten von Mykonos entfernt und ist ihr vollkommen unerwartetes Gegenteil: eine ländliche Oase der Ruhe. Täglich setzen mehrere Schiffe über.

Schiffsfahrt von Mykonos nach Tinos

Schon die Fahrt mit dem Fährschiff namens »Ekateríni«, das täglich zu Mittag den Neuen Hafen von Mykonos verlässt, ist für die Kinder des Jetset-Zeitalters ein Abenteuer. Umweht von einer Fernwehmischung aus Dieselöl und Meeresbrise auf dem Deck zu stehen und zuzusehen, wie im Hafenbecken der Seebus seine weißen Wellen ins Wasser pflügt, wie die schweren Lastwagen polternd in den Schiffsbauch fahren und wie Seemänner die dicken Leinen losmachen, ist nicht nur für Jungen, sondern auch für Mädchen noch immer ein Schauspiel. Oft steht die Tür zur Brücke der »Ekateríni« auf, sodass die Kinder durch die großen Scheiben dem Kapitän bei seiner Arbeit zwischen Steuerrad, Sextanten und Laptop über die Schulter sehen können.

An heißen Tagen, wenn das Meer schwitzt und dampft, verschwindet Mykonos schon bald nach dem Auslaufen im Dunst, während die Konturen der Berge von Tinos scharf aus dem Meer ragen. Wirft man an klaren Tagen den Blick zurück, erkennt man den Unterschied zwischen beiden Inseln: Während Mykonos überall mit weißen Kalktupfen besprenkelt ist, scheint die Insel Tinos kaum besiedelt zu sein. Doch anders als auf Mykonos, wo sich die Häuser von den Zentren Áno Merá und Chóra aus über die ganze Insel ausgebreitet haben, stehen die Häuser der 48 Dörfer von Tinos noch eng beisammen.

Die Chóra – Tinos-Stadt

Der Anblick des Hafens von Tinos mit seiner bunten Häuserfassade macht wohl jeden Passagier an Deck neugierig auf den bevorstehenden Landgang. Gleich über dem Städtchen steht die große, weiße Kirche, zu der eine lange Straße schnurgerade den Berg hinaufführt. An der Seite ist ein Teppich ausgerollt, der bis zu den Treppenstufen der berühmtesten Wallfahrtskirche Griechenlands führt, und der sich am Eingang der **Panagía Evangelístria** ⭐ in einen roten Läufer verwandelt, auf dem Kranke aus aller Welt notfalls noch auf allen Vieren um Gottes

Gnade bitten können. An einem Kiosk nicht weit vom Eingang entfernt werden 2 m hohe Kerzen verkauft, die im Gotteshaus unter einer großen kupfernen Abzugshaube angezündet werden können.

Die Panagía Evangelístria markiert den Ursprung der Chóra von Tinos. Einst hieß die Hauptstadt der Insel Exomboúrgo und lag – aus Furcht vor den Piraten – auf einem Berg im Zentrum der Insel. Nur einige Fischer wohnten in der Bucht bei ihren Booten. Heute ist die alte Hauptstadt ein vergessenes Dorf, während aus den Fischerhütten ein Städtchen geworden ist. Das Wunder der Verwandlung geschah, als 1823 einer Nonne namens Pelagía die Mutter Gottes im Traum erschien, um ihr zu verraten, wo eine wunderbare, wundertätige Ikone vergraben sei. Nach vielen vergeblichen Versuchen wurde man endlich fündig und errichtete aus Dankbarkeit an gleicher Stelle eine Kirche. Um sie herum entstand allmählich ein Städtchen, eine der ersten Baumaßnahmen war die 800 m lange »Prozessionsstraße«, die vom Hafen direkt in die Kirche führt, und die am 15. August, an Mariä Himmelfahrt, von Tausenden von Menschen bevölkert wird.

Die Kirche mit ihrem Vorhofmosaik aus weißen und schwarzen Meerkieseln und der stattlichen Palme liegt hoch über der Stadt, im schattigen Inneren hängen lange Ketten silberner Weihrauchfässer, uralte Ikonen schmücken die Wände. Im ersten Stock des großen Marmortempels befindet sich schließlich das verehrte Abbild der heiligen Jungfrau, das kaum noch zu sehen ist unter den vielen Diamanten, mit denen reiche Gläubige ihr die Gunst erwiesen.

Chóra ▸ Ktikádos

Unweit der Kirche führt die Inselhauptstraße in Richtung Norden nach **Mountádos** durch eine Landschaft aus in vielen Jahrhunderten aufgeschichteten Terrassen, die sich vom Saum des Meeres bis auf die Gipfel hocharbeiten. Noch heute werden einige der kleinen Felder am Berg mit Getreide bestellt, und die vielen Türme alter Windmühlen zeugen von einer einst blühenden Kulturlandschaft in Zeiten, als noch kein Mehl aus Übersee kam und das Brot noch im Haus gebacken wurde. Ziegenherden streifen umher, Gärten mit Obstbäumen und Weinlauben flankieren die kleinen Häuser, wie in der Toskana ragen Zypressen aus den Tälern heraus und konkurrieren mit den Kirchturmspitzen.

Immer wieder steigen aus den Tälern die kleinen Schwärme strahlend weißer Tauben auf, drehen einige Kreise vor dem dunkelblauen Himmel und kehren zurück in ihre kleinen, kunstvollen Paläste, die man ihnen auf Tinos errichtet hat, als die Tauben noch als Botschafter unterwegs waren und Tinos so etwas wie die zentrale Poststation der Kykladen war. Das änderte sich, als die Dampfmaschine die Schifffahrt revolutionierte und regelmäßige Verbindungen zwischen den Inseln möglich wurden. Seitdem landen die Tauben von Tinos vor allem in der heimischen Küche, bis heute sind einige Restaurants auf das zarte Fleisch der Vögel spezialisiert, die noch heute mit ein paar Körnern Mais und Weizen in ihren Taubenhäusern gehalten werden. Nirgends gibt es so viele dieser weißen Türme mit ihren kleinen Schlupflöchern wie auf der Insel Tinos.

Bisweilen rutschen Pilger auf Knien die Treppenstufen zur Panagía Evangelístria (▶ MERIAN TopTen, S. 103) hinauf, der wichtigsten Wallfahrtsstätte Griechenlands.

Etwa 5 km nördlich der neuen Hauptstadt zweigt hinter der Ortschaft Tripótamos eine Straße in das Dörfchen **Ktikádos** nach links ab. Der Ort besteht aus verwinkelten Gassen mit vielen alten Wohnhäusern, einem Café mit einem winzigen Balkon unter einem blauen Sonnenschirm, auf dem gerade zwei Stühle und ein Tisch stehen können, und einem Waschplatz gleich bei der Kirche, dessen Becken das ganze Jahr über von einer Quelle gefüllt wird. Über die Dorfgrenzen hinaus bekannt ist die **Taverna Drossia**

Vassilis (▶ MERIAN Tipp, S. 17), die »Taverne im Schatten«, mit ihrer großen Laube und Blick über die halbe Insel. Früher war dies das zentrale Kafeníon des Bergdorfs, heute serviert der Wirt einige auf Mykonos selten gewordene, aber für Griechenland typische Gerichte wie Ziegenfleisch in Tomatensoße, Lamm in Zitronensoße oder Kaninchen aus dem Ofen. Ebenfalls auf der Speisekarte stehen die »marathotiganitá«, eine außergewöhnliche Form des Eierpfannkuchens mit Fenchel oder »wildem Dill«, der auf den Kykladen wächst. Der Blick von der schattigen Terrasse hoch über dem Meer über die Landschaft mit ihren unendlichen Getreideterrassen, die sich vom Ufer bis zu den Gipfeln hinaufziehen, ist so grandios wie die Stille dieses Ortes, in dem zur Zeit der Siesta nur der kleine Brunnen mit den Waschplätzen plätschert und einige Gabeln in der Taverne klimpern. Manchmal reicht die Frau von Vassilis, dem Großvater – inzwischen arbeiten drei Generationen in der Taverne – zum Nachtisch selbst gemachte Käseküchlein mit einer Mischung aus Kuh- oder Ziegenquark, Orangenschale, Vanille und Zimt.

Ktikádos ▸ Kloster Kechrovoníou

Weiter oben am Berg liegt das **Nonnenkloster Kechrovoníou**. Ein umständliches Sträßchen führt von Tripótamos über Kariá zu jenem Ort, wo auf einem Marmorsockel in einer silbernen Schatulle, gebettet auf der weißen Wolke eines Wattebausches, der Schädel der Pelagía ruht – eben jener Nonne, der einst die Heilige Jungfrau im Traum erschien – wodurch Tinos zur griechischen Wallfahrtsstätte Nummer eins wurde. 200 Nonnen wohnten einst in dem christlichen Dorf, das ganz ohne Kafeníon und ohne Männer auskommen musste und sich hinter einer 7 m hohen Mauer verbirgt. Die schwarzen Gestalten zwischen den weißen Mauern sind heute selten geworden, nur noch ein paar Schwestern kümmern sich um die sieben Kapellen und die zentrale Kirche mit ihrer großen Ikonenwand. Silberne Sterne sind an die dunkelblaue Kuppel vor dem Altar gemalt, ein schwerer, purpurfarbener Teppich verbirgt den Eingang zum Altarbereich, der nur von den Geistlichen betreten werden

Berühmt ist das schneeweiße Bergdorf Pýrgos (▸ S. 107) für seine Marmorvorkommen, die in ganz Griechenland Verwendung finden.

darf. Das kleine Wohnhaus der Nonne Pelagía dagegen ist zum öffentlichen Museum geworden, in dem demonstriert wird, wie wenig der Mensch eigentlich zum Leben braucht: ein Bett, einen Tisch, einen Stuhl, einen Schrank, einen Topf, zwei Teller und zwei Tassen. Und in der Schlafkammer einige Bücher mit Gottes Wort und eine Ikone.

Kloster Kechrovoníou ▸ Voláx
Vom Kloster Kechrovoníou aus führt eine Straße in Richtung Norden über die Ortschaft Mési und ein weiteres Dorf, das den Namen Ktikádos trägt, nach **Voláx** ⭐. Es befindet sich in einer von Bergen umgebenen Ebene, in der die Götter einst Murmeln gespielt zu haben scheinen – wobei sie in ihrer göttlichen Sorglosigkeit ihre Spielkugeln am Abend einfach zwischen den Bergen liegen ließen: Im ganzen Tal sind riesige Granitkugeln verstreut, sie ragen aus Weinangern heraus, tauchen zwischen gelb blühendem Ginster und rosafarbenen Büschen von Zistrosen auf, zwischen den Steineichen und den kleinen Häuschen der Korbflechter.

Bis heute flechten die Männer, denen es irgendwann zu mühselig wurde, mit ihren mürrischen Rindviechern zwischen den Felsen der Götter herumzupflügen, aus Schilf und Weiden große und kleine Körbe, die sie in ihren Häusern und den Läden verkaufen.

Voláx ▸ Pýrgos
Von Voláx aus führt die Straße in Richtung Pýrgos am Rand des Tales von **Káto Klísma** entlang, das von oben wie ein Meer von Bambus aussieht, das sich zwischen den Bergen bis ans Meer erstreckt. Doch zwischen den Reihen dieser Schilfwände, die zum Schutz gegen den Wind an-

gepflanzt wurden, liegt ein kleiner Garten Eden mit Kartoffeln, Tomaten und Obstbäumen. Es ist die Insel Tinos, die Mykonos mit seinen verlassenen Äckern und Gärten mit frischem Gemüse und Fleisch versorgt.

📷 FotoTipp

GRANITKUGELN BEI VOLÁX
Zwischen den Häusern und Gärten der Ortschaft Voláx wird die wahre Größe der überdimensionalen Kiesel, die im ganzen Tal verstreut liegen, besonders deutlich. Einen schönen Blick auf die Szenerie hat man von den obersten Rängen des Amphitheaters aus. Auch hier sollte man das späte Nachmittagslicht abwarten.   ▸ S. 107

Die letzte Station im Westen der großen Inselhauptstraße ist das weiße Städtchen **Pýrgos**. Der Marmor von Pýrgos ist in ganz Griechenland bekannt, seit ewigen Zeiten wird er von den Bewohnern von Pýrgos zu Vasen und Tellern oder zu Torsi und Marmorköpfen verarbeitet. Halb Pýrgos scheint aus Marmor gebaut zu sein, im Museum sind die schönsten Arbeiten aus den Werkstätten und Ateliers der Bildhauerschule von Tinos ausgestellt.

Pýrgos ist die zweitgrößte Stadt der Insel. Mit den Geschäften und Tavernen vermittelt der Ort etwas Vornehmes und Städtisches. In den Cafés am winzigen Dorfplatz, der im Lauf der Zeit um eine alte Platane gewachsen ist, gibt es neben Latte macchiato und Espresso neben dem klassischen Mokka, »kafé ellinikó«, und die orientalischen Süßspeisen wie »galaktaboúriko«, »kadaífi« und »risógalo«.

📷 FotoTipp

PLATÍA VON PÝRGOS

Es gibt kaum einen malerischeren Ort auf Tinos als den winzigen Platz unter der gewaltigen Platane von Pýrgos, auf den alle Gassen des Ortes zulaufen. Setzen Sie sich in das Café und essen Sie ein Stückchen süßes »galaktaboúriko«. Auch ohne Weitwinkel haben Sie von hier aus die ganze Szene im Bild.   ▸ S. 107

Pýrgos ▸ Chóra

Während westlich von Pýrgos nur noch die hohen Berge der Insel der Insel Andros aufsteigen, die nur durch eine tiefe, 2 km schmale Wasserstraße von Tinos getrennt ist, führt im Osten die Hauptstraße über die Berge zurück zum Hafen.

Rückfahrt nach Mykonos

Die letzte Fähre nach Mykonos verlässt Tinos gegen 21.30 Uhr. Wenn Sie noch Zeit haben, so bieten sich in der Nähe des Hafens zwei kleine Sträßchen mit Souvenir- und Lebensmittelläden an, die weitaus günstiger sind als auf der Nachbarinsel Mykonos, und auch Souvlákiverkäufer und Restaurants fehlen in diesem griechischen Hafen nicht. Und wer sich schon nach einem Tag unsterblich in die Insel Tinos verguckt hat und lieber hierbleiben als weiterreisen möchte, der findet gleich am Hafen noch eine gute Auswahl an günstigen Unterkünften.

INFORMATIONEN
MUSEEN
Archäologisches Museum

Nahe bei der berühmten Wallfahrtskirche der Insel liegt auch das Archäologische Museum von Tinos. Neben den Säulen von Delos und den berühmten Ikonen der Kirchen von Tinos ist das Museum mit den Fundstücken aus der alten Hauptstadt Exomboúrgo eher bescheiden, doch liebevoll arrangiert und für all jene, die mehr als nur die Wallfahrtskirche von der Insel gesehen haben, durchaus lehrreich und interessant. Chóra, Leof. Megalócharis • Tel. 22 83 02 26 70 • Di–So 8.30–15 Uhr

Marmormuseum

In Bild und Schrift wird sowohl die schwere Arbeit in den nahe gelegenen Steinbrüchen als auch die künstlerische Arbeit in den Werkstätten und Ateliers der Stadt dokumentiert. Im Außenbereich veranschaulichen alte Loren, Schienenstränge und Fördermaschinen die Arbeit unter Tage. Pýrgos, Pánormos Tínou • Tel. 22 83 03 12 90 • Mi–Mo 10–18 Uhr

TOUREN
Kyklomar

Angeboten wird ein halbtägiger Inselausflug mit einer Rundfahrt zu den wichtigsten Sehenswürdigkeiten. Treffpunkt jeweils dienstags und freitags am Neuen Hafen von Mykonos neben dem Café beim Fahrkartenschalter. Entweder im Hotel oder im Internet anmelden. Tel. 22 89 02 70 91 • www.kyklomar. com • 59 € inkl. Schiffsticket, Transfer zum Hotel je nach Distanz 4–8 €

Auf eigene Faust

Wer mit dem Auto oder dem Motorrad die Insel auf eigene Faust erkunden möchte, kann morgens um 7.30 Uhr die erste Fähre ab Mykonos nehmen und hat dann einen ganzen Tag Zeit, die Insel zu erkunden. Die nächste Fähre verlässt um 12.30 Uhr den Hafen. Da die Verbindungen sich ändern können, sollte man vor Ort aktuelle Infos einholen.

Avance Car Rental • Od. Stavrou-Kionion 7, am Hafen • Tel. 22 83 02 10 40

ÜBERNACHTEN
Hotel Poseidonio

In exponierter Lage • Gleich am Hafen, nahe der berühmten Wallfahrtskirche. Ein für Tinos relativ großes, von einer Familie geführtes Hotel mit nur zwei Sternchen, aber einem schönen Blick auf die einlaufenden und ablegenden Schiffe und kleinen Balkonen über der Hafenpromenade. Tel. 22 83 02 31 21 • www.poseidonio.gr • 39 Zimmer • €€

Vincenzo

Familiäre Atmosphäre • Etwas ruhiger und noch etwas familiärer, nicht ganz so nah am Wasser, aber in schönem, grünem Ambiente, liegt das Vincenzo Hotel. Die Zimmer in dem kleinen Haus sind für die Kykladen außergewöhnlich günstig. Tel. 22 83 02 58 88 • www.vincenzo.gr • 14 Zimmer • €€

ESSEN UND TRINKEN
Dío Choriá

Panoramablick • Über der Hauptstadt von Tinos, etwa 2 km östlich des Nonnenklosters, liegt die Ortschaft Dío Choriá – »zwei Dörfer«. Das gleichnamige Kafeníon und Restaurant mit der großen Terrasse und dem grandiosen Blick auf die darunterliegende Landschaft ist zu einem beliebten Ausflugsziel aller Tinos-Kenner geworden, die sowohl die familiäre Atmosphäre als auch die liebevolle Küche schätzen. Dío Choriá • Od. Tirantárou-Falatádou • Tel. 22 83 04 16 15 • €

Malamaténia

Lauschig gelegen • Malamatína ist der Name einer über die Grenzen des Landes hinaus bekannten griechischen Weinmarke, doch in der kleinen Taverne mit den karierten Tischdecken gibt es weitaus mehr als nur geharzten Weißwein. Das Lokal in einem kleinen Hof in der Altstadt unweit des Hafens serviert schmackhafte Varianten traditioneller griechischer Küche und ist auch bei den griechischen Gästen äußerst beliebt. Chóra Tinos, Od. Gáfou 15 • Tel. 22 83 02 42 40 • €

 **MERIAN Tipp**

TAVERNA DROSSIA VASSILIS

Die Taverne von Vassilis war früher einmal das zentrale Kafeníon des Bergdorfes. Heute serviert der Wirt einige auf Mykonos selten gewordene Gerichte wie Ziegenfleisch in frischer Tomatensoße, Lamm in Zitronensoße oder »marathotiganitá«, eine außergewöhnliche Form des Eierpfannkuchens mit Fenchel. ► S. 17

To Koutoúki tis Elénis

Nostalgisch • Ein liebevoll und geschmackvoll eingerichtetes Lokal in einer der engsten Gassen der Chóra mit einer Speisekarte, auf der weit mehr als nur traditionelle Gerichte wie Kaninchengulasch mit Zimt und Tomate oder Lammbraten aus dem Ofen stehen. Auch Vegetarier finden hier Gründe zum Schwärmen, etwa bei den Fenchelbällchen oder den Artischockenküchlein. Chóra Tinos, Od. Gáfou 5 • Tel. 22 83 02 48 57 • www.koutouki-elenis.gr • €

Gespräch unter Mönchen im Innenhof der Panagía Tourlianí
(▶ MERIAN TopTen, S. 72), des Hauptklosters von Mykonos, das
sich direkt am Dorfplatz von Áno Merá befindet.

Wissenswertes über
Mykonos

Nützliche Informationen für einen gelungenen Aufenthalt: Fakten über Land, Leute und Geschichte sowie Reisepraktisches von A bis Z.

Auf einen Blick

Mehr erfahren über Mykonos – Informationen über die Insel und ihre Bewohner, von Bevölkerung, Geografie und Politik über Religion und Sprache bis Wirtschaft

Amtssprache: Neugriechisch
Einwohner: 10 000, in den Wintermonaten 5000
Fläche: 86 km²
Hauptstadt: Chóra, Mykonos-Stadt, 6000 Einwohner
Höchster Berg: Profítis Ilías (372 m)
Internet: www.mykonos.gr
Religion: überwiegend griechisch-orthodox (mehr als 90 %)
Währung: Euro

Bevölkerung

Offiziell wird die Einwohnerzahl von Mykonos mit ca. 10 000 angegeben, angesichts zahlreicher Ferienhausbesitzer, die nur temporär hier leben, ist diese Zahl jedoch nicht verlässlich. Sicher ist, dass im Winter etwa 5000 Menschen auf Mykonos leben, während die Saisonkräfte die Einwohnerzahl im Sommer auf rund 30 000 anwachsen lassen.

Lage und Geografie

Mykonos ist eine der kleineren Inseln inmitten der Kykladen, die sich heute durch ihre spärliche Vegetation und die schneeweiße Architektur auszeichnet. Der Name stammt vom altgriechischen Begriff »kyklos« (Kreis), gruppierten sich die Inseln doch kreisförmig um die Insel Delos, auf der sich einst ein wichtiges

◄ Bis heute werden Esel und Maultiere bei der Feldarbeit eingesetzt.

Apollon-Heiligtum befand. Ebenfalls in Sichtweite liegt im Norden die Insel Tinos, sowie im Süden die größte der Kykladeninseln: Naxos.

Politik

1981 kam mit Andréas Papandréou erstmals ein Ministerpräsident der sozialistischen PASOK an die Macht. Nach zwischenzeitlichem Machtwechsel fanden am 6. Oktober 2009 aufgrund der sich zuspitzenden Wirtschaftskrise vorgezogene Neuwahlen statt, bei denen PASOK mit 44 % der Stimmen eine komfortable Mehrheit erreichte. Schon zwei Jahre danach legte der Premierminister Giórgos Papandréou, Sohn von Andréas Papandréou, wegen der von der EU geforderten, schon damals inakzeptablen Sparauflagen sein Amt nieder. 2015 übernahm die systemkritische SYRIZA-Partei unter Aléxis Tsípras die Regierung und führte die Verhandlungen der Amtsvorgänger um Kredite und Sparauflagen fort. Am 27. Juni 2015 brach auch Tsípras die Gespräche ab und befragte in einem Referendum das griechische Volk. Obwohl sich die Griechen gegen die drastischen Sparauflagen aussprachen, führte Tsípras die Verhandlungen um die Kredite weiter und erhandelte ein drittes Rettungspaket. Nach vorgezogenen Neuwahlen im September 2015 konnte Tsípras seine Koalition mit der rechtspopulistischen ANEL fortsetzen.

Religion

Die Bevölkerung der Insel Mykonos ist überwiegend griechisch-orthodox. Über 800 Kapellen auf Mykonos – jede Familie der Insel soll ihre eigene Kapelle gebaut haben – sprechen für die Frömmigkeit der Insulaner. Den 800 orthodoxen Kapellen steht eine einzige katholische Kirche gegenüber. Die griechisch-orthodoxe Religion spielte noch in den 1980er-Jahren eine wichtige Rolle im täglichen Leben, doch geht ihre Bedeutung durch den wachsenden Einfluss des Tourismus allmählich verloren.

Sprache

Neugriechisch ist Amts- und Umgangssprache. Durch die Touristen und die Saisonkräfte, die oft aus dem Ausland kommen, ist Englisch inzwischen zur weitverbreiteten Zweitsprache geworden. In den meisten Hotels wird auch fließend Deutsch und Französisch gesprochen.

Wirtschaft

Seefahrt, Handel und Fischfang waren die wichtigsten Einkommensquellen auf der Insel. Der ständige Nordwind und die karge Bodenbeschaffenheit machten Ackerbau und Viehzucht zu einer mühsamen Angelegenheit, die kleinen Äcker und die wenigen Viehherden von Mykonos reichten gerade aus, die Bevölkerung zu ernähren. Im Gegensatz zu den 1950er-Jahren aber verfügen die vom Tourismus verwöhnten Mykonioten heute über genügend finanzielle Kapazitäten, um sich alles Lebensnotwendige mit dem Schiff von Tinos oder vom Festland liefern zu lassen. Der Tourismus ist der dominierende Wirtschaftszweig. Trotz seit Jahren anhaltender Krise und einer Verunsicherung der Urlauber durch internationale Medien verzeichnete die Tourismusbranche auf Mykonos im Jahr 2014 ein Plus von 25 %.

Geschichte

ca. 7000 v. Chr.
Älteste Siedlungsspuren auf den Kykladen. Funde lassen darauf schließen, dass Mykonos seit dem mittleren und jüngeren Neolithikum besiedelt war.

ca. 5000 v. Chr.
Bei Fteliá existiert die erste nachweisbare prähistorische Siedlung.

ca. 3200 v. Chr.
Auf den Kykladen entwickelt sich eine erste Hochkultur. Die ältesten Spuren auf der Nachbarinsel Delos reichen bis in die Mitte des 3. Jahrtausends v. Chr. zurück.

ca. 2000 v. Chr.
Die Minoer gründen Handelsniederlassungen auf den Kykladen.

ca. 1500 v. Chr.
Die Minoer werden von den Mykenern vertrieben. Delos wird zu einem Mittelpunkt religiöser Kulte.

ca. 1100 v. Chr.
Vom Festland wandern die Ionier auf Mykonos ein und vertreiben die Mykener. Delos stellt auch für sie ein wichtiges religiöses Zentrum dar.

7. Jh. v. Chr.
Das Zentrum des Ionischen Inselbundes ist die Insel Delos.

477 v. Chr.
Der neugegründete Attisch-Delische Seebund hat seinen Sitz auf Delos. Mykonos und die anderen Ägäischen Inseln treten ihm bei.

478–393 v. Chr.
Athen herrscht über Mykonos. Die Insel darf jedoch eigene Münzen prägen.

166 v. Chr.
Delos wird zum Freihafen, Mykonos erlebt seine Blütezeit. Die Kykladen werden zu einem der wichtigsten Handelszentren im Mittelmeerraum. Bisweilen werden an einem Tag mehrere Tausend Sklaven verschifft.

395–1204
Mykonos gehört zu Beginn der byzantinischen Herrschaftsepoche zur Provinz Achaia, später werden mehrere Inseln, darunter auch Mykonos, zu einer eigenen Verwaltungseinheit zusammengefasst.

1207–1390
Die Venezianer sind die vorherrschende Macht in der Ägäis.

1537
Mykonos wird von den Osmanen unter Admiral Chaireddin Barbarossa beherrscht.

1615
Eine unabhängige Gemeinde Mykonos entsteht.

um 1700

Die Mykonioten genießen als Seefahrer einen exzellenten Ruf. Quellen zufolge fahren mindestens 500 der damals rund 3000 Einwohner zur See.

1770–1774

Russische Truppen besetzen die Kykladen. Auch Seeleute aus Mykonos kämpfen in den Seeschlachten jener Jahre.

1821

Der griechische Freiheitskampf beginnt. »Freiheit oder Tod« lautete die Parole der Aufständischen.

1822

Der Versuch türkischer Truppen, die Insel im Oktober zu erobern, schlägt fehl. Die spätere Nationalheldin Mantó Mavrogénous (1796–1848) organisiert erfolgreich den Widerstand.

1830

Griechenland wird als eigenständiger Staat anerkannt. Die Schiffe von Mykonos befahren in der Folgezeit das gesamte Mittelmeer, das Schwarze Meer und sogar die Nordsee.

Mitte 19. Jh.

Viele Einwohner von Mykonos emigrieren in andere Regionen Griechenlands, aber auch nach Russland, Bulgarien oder über den Atlantik in die USA.

Erste Hälfte 20. Jh.

Schon in den 1920er-Jahren werden Delos und Mykonos zum Ziel von bildungshungrigen Touristen.

1941–1944

Deutsche Truppen besetzen auch die Kykladen, auf der Insel formiert sich Widerstand.

ca. 1955

Delos und Mykonos werden zu einem internationalen Reiseziel.

1967–1974

Militärdiktatur in Griechenland.

1981

Griechenland wird Mitglied der Europäischen Gemeinschaft. Die sozialistische PASOK unter Andréas Papandréou übernimmt die Regierung.

2002

Der Euro löst die Drachme ab.

2004

Olympische Spiele in Athen.

2009

Neuwahlen angesichts der anhaltenden Finanzkrise: Die Sozialisten unter Giórgos Papandréou übernehmen die Regierung.

2015

Aléxis Tsípras (SYRIZA) wird Regierungschef und handelt mit der EU ein weiteres Sparprogramm aus.

Reisepraktisches von A–Z

ANREISE

MIT DEM FLUGZEUG

Als in den 1960er-Jahren die Hippies Mykonos entdeckten, war die Insel nur mit den Fähren zu erreichen, die von Athen aus Kurs auf die Kykladen nahmen. 1971 wurde 3 km von der Inselhauptstadt entfernt zwischen den Feldern eine bescheidene Landepiste asphaltiert und ein Flughafen mit dem internationalen Kürzel JMK eröffnet, auf dem heute im Sommer bis zu 40 Maschinen täglich aus aller Welt aufsetzen.

Während der Saison gibt es zahlreiche Charterverbindungen, von denen einige Mykonos direkt, andere mit Zwischenstopps anfliegen. Die Flugzeit einer Non-Stop-Verbindung ab Deutschland beträgt zwischen 2,5 und 3 Stunden.

Die Flüge nach Mykonos sind im Durchschnitt teurer als die zu anderen griechischen Destinationen, allerdings bieten Fluggesellschaften wie Germanwings auch in der Hochsaison günstige Verbindungen an. Das ganze Jahr über fliegen Aegean Arlines und Olympic Air von verschiedenen europäischen Städten mit einem Zwischenstopp in Athen oder Thessaloníki die Insel an. Obwohl täglich mehrere Flugzeuge von Athen aus Kurs auf Mykonos nehmen, sind die Flüge in den Ferienzeiten oftmals ausgebucht, denn auch zahlreiche Athener zieht es dann auf die Insel.

Außerhalb Deutschlands fliegt ab Wien die ehemalige Lauda Air – Fly Niki – dreimal wöchentlich nonstop nach Mykonos, ab Basel bietet Easyjet Hin- und Rückflüge ohne Zwischenstopp auch in der Hochsaison schon für um die 150 € an.

Für Pauschaltouristen stehen am Flughafen von Mykonos Transferbusse zu den gebuchten Hotels bereit. Individualreisende sind auf das Taxi angewiesen. Die Taxifahrer berechnen für die 3 km lange Fahrt vom Flughafen bis zum Busbahnhof oder einem der Hotels im Zentrum der Inselhauptstadt etwa 10 €, verlangen aber bei überdimensionalem Gepäck gerne einen kleinen Aufschlag.

Informationen
– Olympic Air • Tel. 22 89 02 23 27 • www.olympicair.com
– Aegean Airlines • Tel. 22 89 02 87 20-7 • www.aegeanair.com
– Flughafen Mykonos • Tel. 22 89 02 23 27

MIT DEM SCHIFF

Die Fähren zu den Kykladen verlassen Athen von Piräus oder dem nahe gelegenen Rafína aus mehrmals täglich, gleich mehrere von ihnen am frühen Nachmittag. Der letzte Dampfer nimmt gegen Mitternacht Kurs auf Mykonos, um im Morgengrauen auf der Urlaubsinsel einzulaufen. Die Passage mit den klassischen Fähren dauert 4–6 Stunden, je nach Route und Anzahl der Zwischenstopps in Syros, Andros oder Tinos.

Die Tragflächenboote erreichen Mykonos schon in 2 Stunden, die Überfahrt kostet dann etwa 40 €, die Reise mit den gemütlichen Fährschiffen schlägt dagegen nur mit 27 € zu Buche. Abstecher auf die Nachbarinseln sind unter Griechenlandurlaubern beliebt. Das Ticket von Mykonos nach Tinos kostet 7,50 €, nach Syros 11 €. Die Griechische Zentrale für Fremdenverkehr (EOT) gibt jährlich eine Broschüre über die Fährverbindungen zu den griechischen Inseln heraus (www.gzf-eot.de). Der aktuelle Fahrplan ist auch auf www.gtp.gr, Stichwort »Ferry schedules«, zu finden.

Reedereien
– Hellenic Seaways • hellenic seaways.gr/en
– Blue Star Ferries • www.bluestar ferries.com
– Superfast Ferries • www.superfast. com

Informationsbüro
– Hafenbehörde Mykonos • Tel. 22 89 02 22 18
– Hafenbehörde Piräus • Tel. 21 04 51 13 11
– Hafenbehörde Rafína • Tel. 22 94 02 23 00

AUSKUNFT
IN DEUTSCHLAND UND ÖSTERREICH
Griechische Zentrale für Fremdenverkehr (EOT)
– Am Holzgraben 31 • 60313 Frankfurt • Tel. 069/2 57 82 70 • www.gzf-eot.de (zuständig auch für die Schweiz)
– Opernring 8 • 1010 Wien • Tel. 01/ 5 12 53 17 • www.gzf-eot.de

AUF MYKONOS
Eine offizielle Touristeninformation gibt es nicht, einzige staatliche Ansprechpartner sind die **Touristenpolizei** am Flughafen (Tel. 22 89 02 24 82) und das **Informationsbüro der Gemeinde Mykonos** im Rathaus (Tel. 22 89 02 39 90). Auskünfte über Unterkünfte und Tagesausflüge, sowie Flüge und Fährbindungen (inkl. Online-Buchung) erteilt jedoch auch das Reisebüro **Sea & Sky** in der Nähe

des Fähranlegers am Alten Hafen (Tel. 22 89 02 82 40/1 oder 22 89 02 28 53, www.seasky.gr).
Ebenfalls am Anleger befindet sich in der Nähe des Parkplatzes das Büro der **Blue Star Ferries**, deren Fähren zum Festland und auf die nahen Inseln verkehren, sowie die **zentrale Zimmer- und Hotelvermittlung** mit einer Übersicht über verfügbare Unterkünfte und Betten (Tel. 22 89 02 45 40). 2015 hat außerdem ein neues Büro des **Hotelverbandes von Mykonos** eröffnet. Es befindet sich in unmittelbarer Nähe zur zentralen Busstation in Fábrika (Mykonos Hoteliers Acossiation, PO Box 10, 86400 Mykonos, Tel. 22 89 02 45 40, mykhotels@otenet.gr).

BUCHTIPPS
Lawrence Durrell: Griechische Inseln (Rowohlt, 1987) Durrells »Alexandria-Quartett« – vier im griechischen Mittelmeerraum angesiedelte Romane – ist unter Griechenlandfreunden Kult. Sein zuvor erschienenes Reisetagebuch »Griechische Inseln« aus dem Jahre 1987 widmet ein großes Kapitel den Inseln Mykonos und Delos. Kein anderer Schriftsteller hat den Charakter der Kykladen jener Jahre besser beschrieben als der Freund des amerikanischen Kultautors Henry Miller.
Martina Kempff: Die Rebellin von Mykonos (Piper, 2007) In einem spannenden Roman schildert die Autorin den Weg der jungen Mando von einer verwöhnten Tochter aus reichem Haus zur berühmten Nationalheldin und Anführerin des Freiheitskampfes gegen die Osmanen.
Nikos Katzantzákis: Im Zauber der griechischen Landschaft (Ullstein TB, 2007) Natürlich hat auch der

berühmte Schöpfer des Aléxis Sor-
bás Mykonos einige dichterische
Beschreibungen gewidmet. Sie sind
in diesen essayistischen Reisebe-
schreibungen zu finden.

DIPLOMATISCHE VERTRETUNGEN
**Botschaft der Bundesrepublik
Deutschland**
Karaoúli ke Dimitríou 3 • 10675 Athen •
Tel. 21 07 28 51 11

Österreichische Botschaft Athen
Vasilissis Sofias 4 • 10674 Athen •
Tel. 21 07 25 72 70

Schweizerische Botschaft
Iassíou 2 • 11521 Athen • Tel. 21 07 23
03 64

FEIERTAGE
An den nationalen Feiertagen sind
alle Büros, Behörden, Banken und
die meisten Geschäfte geschlossen.
Reisebüros, Autovermietungen und
Souvenirläden haben aber auch an
diesen Tagen geöffnet.
1. Jan. Neujahr und Fest des hl. Vassilis
6. Jan. Dreikönigstag
25. März Nationalfeiertag
Karfreitag
Ostermontag
1. Mai Tag der Arbeit
Pfingstmontag
15. Aug. Mariä Himmelfahrt
28. Okt. Óchi-Tag: Nationalfeiertag
25./26. Dez. Weihnachten

FESTE UND EVENTS
6. JANUAR
Epiphanias
Am Tag der Taufe Christi wird in einer Prozession ein Kreuz zum Hafen
getragen und ins Wasser geworfen,
die Inseljugend springt hinterher
und fischt es wieder raus.

25. MÄRZ
Nationalfeiertag
Eine mykoniotische Blaskapelle zieht
durch die Straßen.

Erster Sonntag der Fastenzeit
Die berühmte Ikone von Tourlianí
wird in einer Prozession von Áno
Merá zur Inselhauptstadt getragen.

MÄRZ, APRIL ODER MAI
Ostern
Das orthodoxe Osterfest ist auch auf
Mykonos der Höhepunkt des Kir-
chenjahres. Wie überall in Griechenland wird am Freitagabend in einer
feierlichen Prozession der mit Blumen
geschmückte Sarg mit dem Leib Jesu
durch die Straßen getragen. Am
Samstag findet die Mitternachtsmesse
statt, anschließend steigen Raketen in
den Himmel. Am Sonntag wird auf
dem Platz vor der Kirche am Hafen
die Strohpuppe des Judas verbrannt.

15. AUGUST
Mariä Himmelfahrt
Gläubige Griechen besuchen die
Wallfahrtskirche auf Tinos. Auf My-
konos steht vor allem das Kloster in
Áno Merá mit seiner wunderbaren
Ikone im Mittelpunkt des Interesses.

24. DEZEMBER
Weihnachten
Auch auf Mykonos wird die Geburt
Christi mit einer Mitternachtsmesse
und reichlichem Essen gefeiert.

GELD
2002 wurde in Griechenland der
Euro eingeführt. Bislang haben euro-
päische Geldgeber die griechischen
Bankautomaten auch in Krisenzeiten
mit den umstrittenen Scheinen versorgt. In besonders kritischen Zeiten

allerdings empfiehlt es sich – so wie einst vor der Einführung der Kreditkarten – mit Bargeld zu reisen.
In den großen Hotels, Restaurants und Geschäften kann in der Regel mit Kreditkarte bezahlt werden, aber in den Zeiten der Geldknappheit griechischer Banken ist eigentlich nur Bares Wahres.

LINKS

www.mykonosgreece.com
Allgemeine Informationen zur Insel sowie ein Überblick über Strände, Hotels und Restaurants, Sehenswürdigkeiten und Museen, Einkaufsmöglichkeiten und Ausflugsziele
www.travel-to-mykonos.com
Weitere allgemeine Informationen über Mykonos sowie sein breites touristisches Angebot.

MEDIZINISCHE VERSORGUNG
KRANKENVERSICHERUNG
Für EU-Bürger und Schweizer ist die Vorlage einer Europäischen Versicherungskarte (EHIC) ausreichend. Als zusätzlicher Versicherungsschutz empfiehlt sich zudem der Abschluss einer Auslandskrankenversicherung, da diese auch Krankenrücktransporte mitversichert.

KRANKENHAUS
An der Straße zum Flughafen liegt das **Medical Health Centre** von Mykonos (tgl. 9–13, 17–22 Uhr, Tel. 22 89 02 39 94-8). 24 Stunden besetzt ist im Viertel Dexamenés die private **Hygeia Medical Poliklinik** (Tel. 22 89 02 42 11 oder 22 89 02 74 07, www.mykonos-health.com). In der Chóra gibt es außerdem eine **Erste-Hilfe-Station** (Tel. 22 89 02 22 74), eine kleine Station außerdem in Áno Merá (Tel. 22 89 07 13 95).

APOTHEKEN
Apotheken (»farmakíon«) erkennt man am grünen Kreuz. In den Urlaubszentren haben sie in der Regel von Mo–Fr ganztägig geöffnet.

NEBENKOSTEN
1 Tasse Kaffee . . . . 2–4 €
1 Bier . . . . 2,50–4,50 €
1 Cola . . . . 1–3 €
1 Flasche Wasser . . . . 1 €
1 Brot . . . . 1–2 €
1 Schachtel Zigaretten . . . . 3–5 €
1 Liter Benzin . . . . 1,50 €

NOTRUF
Euronotruf Tel. 112 (Polizei, Feuerwehr, Rettungsdienst)

POST
Postämter sind Mo–Fr 7.30–14 Uhr geöffnet. Postkarten nach Mitteleuropa sind mit 0,70 € zu frankieren. Das zentrale Postamt befindet sich im Gassengewirr der Altstadt, in der Kinthoú 5, Tel. 22 89 02 22 38.

REISEDOKUMENTE
Deutsche, Österreicher und Schweizer benötigen einen gültigen Reisepass oder Personalausweis, Kinder unter 16 Jahren einen eigenen Kinderpass oder Personalausweis.

REISEKNIGGE
Auch wenn man sich in der Chóra von Mykonos tolerant und weltoffen gibt und landestypische Verhaltensregeln dort längst aus der Mode gekommen sind: Höflichkeit und Respekt werden auch auf Mykonos bis heute noch geschätzt.
FKK: Obwohl Mykonos sich rühmt, schon in den 1950er-Jahren den ersten offiziellen Badestrand für Männer und Frauen eröffnet zu haben, ist

das Nacktbaden auf Mykonos noch bis heute offiziell verboten. Allerdings setzten sich Hippies und Nudisten am Paradise Beach schon in den 1960er-Jahren erfolgreich über das alte Gesetz hinweg, und so finden sich bis heute auf Mykonos Nischen für alle Arten der Strandkörperkultur.

Fotografieren: Die Mykonioten haben sich im Verlauf der letzten 50 Jahre an die Kameras der Touristen gewöhnt, sodass man überall ungestört fotografieren kann. Sogar auf der Museumsinsel Delos ist das Fotografieren überall erlaubt, lediglich in den Museen gibt es Beschränkungen.

Kleidung: Auch wenn die einheimische Bevölkerung einiges gewohnt ist, sollten Badehose und Bikini nur am Strand getragen werden. Beim Abendessen jedoch werden Herren in langen Hosen und Damen in Abendjäckchen mitunter noch bevorzugt behandelt.

Kaffee: Einen griechischen Kaffee bestellt man als »kafé ellinikó«, nicht als türkischen Mokka.

Sprache: Mykonos gibt sich international. Und dennoch: Wer ein paar Brocken Griechisch spricht, wird Türen und Herzen öffnen: »Kaliméra« = »Guten Tag«, »Kalispéra« = »Guten Abend« (sagt man ab dem Nachmittag), »Kaliníchta« = »Gute Nacht«, »Evcharistó« = »Danke«, »Parakaló« = »Bitte«, »Nai« = »Ja«, »Óchi« = »Nein«, »sehr schön« = »polí oréa«.

Trinkgeld: Besondere Vorschriften zur Höhe des Trinkgeldes gibt es nicht. Bei größeren Abendgesellschaften zeigen sich zumindest die Griechen beim Trinkgeld stets sehr großzügig.

Zeiten: Mittags zwischen 14 und 17 Uhr ist überall Siesta, viele Läden sind dann geschlossen, und Besuche bei Griechen sollte man tunlichst unterlassen. Griechen gehen gerne abends in Gesellschaft (»paréa«) essen, das aber relativ spät. Während die ausländischen Besucher schon ab 19 Uhr die Tavernen und Restaurants füllen, erscheinen viele Griechen erst gegen 21 oder 22 Uhr.

REISEZEIT

Die Saison reicht auf Mykonos so wie auf den meisten anderen Inseln der Ägäis von Mai bis Oktober, auch wenn im Frühjahr und im Herbst Regenschauer das Badevergnügen schmälern können. Während auf vielen griechischen Inseln im Hochsommer die Temperaturen öfter die

Klima (Mittelwerte)	JAN	FEB	MÄR	APR	MAI	JUN	JUL	AUG	SEP	OKT	NOV	DEZ
Tagestemperatur	14	14	16	19	22	26	27	26	25	21	19	16
Nachttemperatur	9	9	10	12	15	19	22	22	20	17	13	11
Sonnenstunden	3	5	5	7	9	10	10	10	9	7	6	4
Regentage pro Monat	8	8	6	3	1	1	0	0	1	3	5	9
Wassertemperatur	15	14	14	15	18	21	23	24	23	20	18	16

40-Grad-Marke überschreiten, sorgt der Wind auf Mykonos meist für erträgliche Temperaturen. Der Klimawandel ist allerdings auch an den Kykladen nicht spurlos vorübergegangen, 2014 wehte der Meltemi auch im Sommer ungewöhnlich heftig und ausdauernd. Ein Pullover und eine Windjacke sollten deshalb auch im Sommer im Gepäck nicht fehlen.

Baden ist auf Mykonos während der gesamten Saison möglich, wobei die Wassertemperatur im Mai bei durchschnittlich 18 °C liegt und bis August auf 24 °C steigt. Im Sommer ist – auch an windigen, aber klaren Tagen – eine Kopfbedeckung unbedingt empfehlenswert. Nach dem Abflug der letzten Charterflieger Ende Oktober schließen die meisten Hotels auf Mykonos, und obwohl die Temperaturen auf den Kykladen an schönen Wintertagen gerne die 20-Grad-Marke erreichen, sind auch die meisten Restaurants, Bars und Geschäfte leer. Dennoch sind unter eingeschworenen Griechenlandkennern die ruhigen Wintermonate auf den Kykladen ein Geheimtipp.

STROMSPANNUNG

220 Volt Wechselstrom; die bei uns üblichen Stecker können fast überall ohne Adapter verwendet werden.

TELEFON

VORWAHLEN

D, A, CH ▸ Griechenland 00 30
Griechenland ▸ D 00 49
Griechenland ▸ A 00 43
Griechenland ▸ CH 00 41

Bei Gesprächen von Griechenland nach Deutschland, Österreich oder in die Schweiz entfällt nach der Landesvorwahl grundsätzlich die Null der Ortsvorwahl. Dies gilt nicht für Gespräche nach Griechenland. Hier ist immer die vollständige zehnstellige Teilnehmernummer zu wählen. Auch innerhalb Griechenlands gibt es keine Vorwahlnummern, die weggelassen werden könnten. Abgesehen von einigen Notrufnummern ist jede Nummer zehnstellig. Öffentliche Fernsprechapparate funktionieren auf Mykonos nur mit Telefonkarten. Die Karten dazu gibt es in Geschäften, an Kiosken und bei der Telefongesellschaft OTE. Das Handynetz auf Mykonos ist gut ausgebaut, lediglich an den entlegenen Stränden im Osten der Insel gibt es Ausfälle.

TIERE

Hunde und Katzen benötigen zur Einreise einen EU-Heimtierausweis (stellt der Tierarzt aus) mit Nachweis einer Tollwutimpfung. Das Tier muss durch einen Mikrochip identifizierbar sein.

TRINKWASSER

Das Leitungswasser auf der trockenen Insel ist kein Trinkwasser. Im Sommer wird Wasser mit Tankschiffen auf die Insel gebracht, weshalb Sparsamkeit in jedem Fall geboten ist. Zum Trinken empfiehlt sich Mineralwasser, das überall in den Supermärkten und Kiosken erhältlich ist.

VERKEHR

AUTO

Die oftmals engen, von Steinmauern gesäumten Straßen zu den vielen Stränden sind idyllisch und wenig befahren, aber mit Schlaglöchern derart übersät, sodass weder bei Motorradfahrern noch bei Autofahrern große Langeweile aufkommen kann.

In der Inselhauptstadt ist das Zentrum für Autos gesperrt, und die wenigen Verkehrsadern, die sich dem Straßengewirr der Altstadt nähern, sind dem Verkehrsaufkommen oft schon in der Vorsaison nicht mehr gewachsen. Hinzu kommen von jugendlichem Leichtsinn und Partylaune beflügelte Touristen sowie einige rasante Einheimische, die von Autofahrern eine erhöhte Aufmerksamkeit fordern. Parkplätze in der Chóra von Mykonos sind eine Seltenheit und häufig gebührenpflichtig.

BUSSE

Eine preiswerte und sichere Alternative zum Mietwagen oder zum Leihroller bietet ein komfortables Busnetz. Die Busse verkehren häufig und sind pünktlich. Die Fahrten kosten nur 1,60 €, einzige Ausnahme sind die »Fernreisen« nach Eliá und Kalafáti im Norden, auf denen ein Aufschlag von 0,20 € berechnet wird. Für Nachtschwärmer, die in die Clubs von Paradise oder Super Paradise wollen, gibt es einen **Night**-Express für 2 €, der in der Partysaison die ganze Nacht über unterwegs ist. Auch der Neue Hafen ist von der Chóra aus gut mit Bussen zu erreichen. Sie verkehren stündlich, zu Mittag, wenn gleich mehrere Fähren ab- und anlegen, sogar halbstündlich.

Es gibt **zwei Busstationen**: Im Norden, nicht weit vom Fähranleger, starten die Busse nach Toúrlos und Ágios Stéfanos, sowie nach Áno Merá, Eliá und Kalafáti. Der zweite Busbahnhof der Chóra liegt im Süden am anderen Ende der Stadt in Fábrika. Von hier fahren die Busse nach Ornós, Psaroú, Platís Gialós und Ágios Ioánnis und Paradise Beach. Lediglich einige weit im Norden oder Osten liegende Strände wie

ENTFERNUNGEN (IN KM) ZWISCHEN WICHTIGEN ORTEN

	Ágios Ioánnis	Ágios Sóstis	Áno Merá	Mykonos-Stadt (Chóra)	Eliá	Fteliá	Kalafáti	Liá	Ornós	Paradise Beach
Ágios Ioánnis	–	10	11	5	13	9	15	16	2	6
Ágios Sóstis	10	–	9	7	14	7	13	14	10	11
Áno Merá	11	9	–	8	6	5	8	7	8	8
Mykonos-Stadt (Chóra)	5	7	8	–	11	6	11	12	3	5
Eliá	13	14	6	11	–	6	7	7	13	5
Fteliá	9	7	5	6	6	–	6	7	8	6
Kalafáti	15	13	8	11	7	6	–	3	14	7
Liá	16	14	7	12	7	7	3	–	14	14
Ornós	2	10	8	3	13	8	14	14	–	2
Paradise Beach	6	11	8	5	5	6	7	9	2	–

Agrári, Kaló Livádi, Ágios Sóstis oder Pánormos sind nicht mit öffentlichen Bussen erreichbar.

MIETFAHRZEUGE

Autovermietungen gibt es in der Chóra von Mykonos beinahe ebenso viele wie Hotels und Restaurants. Die Palette ist groß und reicht vom Kleinwagen bis zum Jeep mit Allradantrieb, vom Motorrad über die konventionellen Roller bis zum luftigen Vierrad-Quattro – dem vielleicht komfortabelsten Gefährt für die heißen, mit Schlaglöchern übersäten Asphaltstreifen. Konventionelle Mietwagen gibt es bei den örtlichen Anbietern ab 350 € pro Woche, Roller ab 10 € am Tag, Quattros für etwa 15 €. Mitunter lassen sich für Mietautos online günstigere Angebote finden.

Tankstellen sind um die Hauptstadt herum reichlich vorhanden, auch in Áno Merá kann noch einmal Benzin gekauft werden. Die Strecken zu den Stränden sind in der Regel kurz, doch vor einer Fahrt in den äußersten Osten und Norden sollte man bei der Abfahrt einen Blick auf die Tankuhr werfen.

SEEBUSSE

Im Hochsommer verkehren zwischen dem Neuen und dem Alten Hafen und zwischen 7 und 22 Uhr im 30-Minuten-Takt die Seebusse. Die Fahrt mit den kleinen, aber kräftigen Schiffen dauert etwa 10 Minuten, kostet 2 € und ist bei hohem Wellengang unterhaltsamer als jede Karussellfahrt.

TAXIS

Für die gängigen Verbindungen auf Mykonos bestehen bezahlbare Fixpreise, Handeln ist folglich so gut wie ausgeschlossen. Die Strecke von der Chóra zum Hafen oder Flughafen z. B. kostet 10 €, bei umfangreichem Gepäck kommt ein Aufschlag hinzu. Es gibt zwei zentrale Taxistände, einen bei der Busstation Fábrika und einen an der Platía Mavrogénous am Alten Hafen. Die Anzahl der Taxis auf der Insel ist begrenzt, wer sein Flugzeug pünktlich erreichen möchte, sollte einen Tag vorher reservieren. Nachts ruft man ein Taxi unter der Telefonnummer 22 89 02 37 00, tagsüber unter Tel. 22 89 02 24 00.

WASSERTAXIS

Eine der schönsten Einrichtungen auf der Insel sind die Wassertaxis. Diese sogenannten Badeboote fahren von Platís Gialós und von Ornós aus zu den schönsten Stränden der Südküste bis nach Eliá. Die Abfahrtszeiten variieren je nach Nachfrage und werden auf einer Tafel im Hafen angeschlagen.

ZEIT

In Griechenland gilt die Osteuropäische Zeit (MEZ +1 Std.).

ZOLL

Seit dem Eintritt in die EU werden für Reisende aus Deutschland und Österreich keine Zölle mehr auf Waren erhoben, sofern sie für den privaten Gebrauch bestimmt sind. Die Grenze dieses Privatbedarfs ist mit 800 Zigaretten, 90 Litern Wein oder 10 kg Kaffee festgeschrieben. Weitere Auskünfte unter www.zoll.de und www.bmf.gv.at/zoll. Reisende aus der Schweiz dürfen Waren für 300 SFr ausführen, nähere Auskünfte unter www.zoll.ch. Eine Zollstation befindet sich am Neuen Hafen.

Orts- und Sachregister

Wird ein Begriff mehrfach aufgeführt, verweist die **halbfett** gedruckte Zahl auf die Hauptnennung. Abkürzungen: Hotel [H], Restaurant [R]

Erlesene Ziele

Auf den Spuren berühmter Persönlichkeiten

Liebe Leserinnen und Leser,
vielen Dank, dass Sie sich für einen Titel aus unserer Reihe MERIAN *live!* entschieden haben.
Wir freuen uns, Ihre Meinung zu diesem Reiseführer zu erfahren. Bitte schreiben Sie uns an
merian-live@travel-house-media.de, wenn Sie Berichtigungen und Ergänzungen haben –
und natürlich auch, wenn Ihnen etwas ganz besonders gefällt.
Alle Angaben in diesem Reiseführer sind gewissenhaft geprüft. Preise, Öffnungszeiten usw.
können sich aber schnell ändern. Für eventuelle Fehler übernimmt der Verlag keine Haftung.

© 2017 TRAVEL HOUSE MEDIA
  GmbH, München
MERIAN ist eine eingetragene Marke der
GANSKE VERLAGSGRUPPE.

2., unveränderte Auflage 2017

Alle Rechte vorbehalten. Nachdruck, auch
auszugsweise, sowie die Verbreitung durch
Film, Funk, Fernsehen und Internet, durch
fotomechanische Wiedergabe, Tonträger und
Datenverarbeitungssysteme jeglicher Art nur
mit schriftlicher Genehmigung des Verlages.

**BEI INTERESSE AN DIGITALEN DATEN
AUS DER MERIAN-KARTOGRAPHIE:**
kartographie@travel-house-media.de

**BEI INTERESSE AN MASSGESCHNEI-
DERTEN MERIAN-PRODUKTEN:**
veronica.reisenegger@travel-house-
media.de

BEI INTERESSE AN ANZEIGEN:
KV Kommunalverlag GmbH & Co KG
Tel. 0 89/9 28 09 60
info@kommunal-verlag.de

TRAVEL HOUSE MEDIA
Postfach 86 03 66
81630 München
merian-live@travel-house-media.de
www.merian.de
Tel. 0 89/4 50 00 99 41

REDAKTIONSLEITUNG
Susanne Kronester
REDAKTION
Sylvia Hasselbach
LEKTORAT UND SATZ
Gudrun Raether-Klünker, Thomas Rach
www.bintang-berlin.de
BILDREDAKTION
Dr. Nafsika Mylona
HERSTELLUNG
Gloria Schlayer, Bettina Häfele
REIHENGESTALTUNG
La Voilà, Marion Blomeyer & Alexandra
Rusitschka, München und Leipzig
(Coverkonzept, Ergänzungen Innenteil)
Independent Medien Design, Horst Moser,
München (Innenteil)
KARTEN
Kunth Verlag GmbH & Co. KG
für MERIAN-Kartographie
DRUCK UND BINDUNG
Printer Trento, Italien

TRAVEL
HOUSE
MEDIA

Ein Unternehmen der
GANSKE VERLAGSGRUPPE

PEFC

PEFC/18-31-506